TODAVÍA

José Manuel Chillón

TODAVÍA
ESBOZO DE UNA FILOSOFÍA
EXISTENCIAL DEL TIEMPO

Granada, 2025

Maquetación y cubierta: José Antonio Ruiz García

Imagen de portada: Fons Heijnsbroek, *Abstract Landscape, gouache no. 6.135* (1996). Licencia CC BY.

© Editorial Comares, 2025
Polígono Juncaril
C/ Baza, parcela 208
18220 Albolote (Granada)
Tlf.: 958 465 382
www.comares.com • E-mail: libreriacomares@comares.com
facebook.com/Comares • twitter.com/comareseditor • instagram.com/editorialcomares

ISBN: 978-84-1369-956-1 • Depósito legal: Gr. 732/2025

Impresión y encuadernación: Comares

A mi padre, Teodolindo, en su 80 cumpleaños.
Por sus lecciones vitales sobre lo esencial del futuro
y lo provisional y pasajero del presente.

Sumario

I

AL PRESENTE!!!!
QUE ES GERUNDIO

«El fenómeno esencial del tiempo es el porvenir».
Heidegger, *El concepto de tiempo.*

Somos teniendo que ser. Somos lo que seremos en la medida en que lo vamos siendo. Somos, de algún modo, nuestro ir haciéndonos, nuestro *todavía no ser.* El futuro está tan (en el) presente que, sin él, todos los *ahoras* se quedan sin sentido y sumidos en un *sin saber* lo que son, aunque sólo sea porque desconocen a dónde van. Frente a las recomendaciones acerca la importancia del hoy y de la necesidad de centrarse en el ahora, más allá de los discursos trasnochados del *carpe diem* y de sus bienvenidas aportaciones al sistema económico del consumo sin medida, por encima de la autoayuda empeñada en disipar las neurosis más comunes en modos de quedarse absortos ante el poder del presente en el que se está, este libro quiere reivindicar la potencia filosófica del futuro para comprender la experiencia humana. Una experiencia que, por su propia naturaleza, es en su perpetua *incompletud,* en su permanente hacerse y, por consiguiente, en su provisional constituirse.

Resulta que, cuando pensamos el presente, el presente mismo se nos va vivo porque el presente en el que discurre nuestro existir, el ahora del *ya mismo,* no queda explicado por nuestras nociones habituales de presente, por esa especie de *puro presente* que escapa al decir ya sólo mientras se está diciendo. El presente que quiero pensar en este libro, sin embargo, es este:

el que vivimos, el que vive *en presente* el pasado y el que en el presente
y sólo en él, *tiende al futuro*. Me refiero, por tanto, al presente vivo, más
bien, al presente que estamos viviendo. Quiero, entonces, pensar el tiempo
presente de la experiencia humana tal y como se me da: abierto, continuo,
tensionado y proyectado. El presente, este en el que estamos, lo es en su
contener el *haber ya sido*, pero especialmente, como trataré de argumentar, en
su *ser hacia* el futuro, en una compleja interconexión temporal que muestra
lo poliédrica y profunda que es la experiencia de este ser que somos. Una
experiencia, que por mucho que sea experiencia presente, está preñada
de inmensas capas de sentido tan forjadas por la memoria del ayer, como
dispuestas y abiertas a la expectativa de lo *por ser*.

    ¿Significa esto despedirnos del presente o acabar con el presente? Nues-
tro ahora mismo, nuestra vida, se nos muestra en su *estar ya viviendo*, en la
espesura del presente que es en su inflamarse, en su difundirse, en su durar,
como genialmente advirtió Bergson. Por tanto, para definir el propio presente, necesitamos hacerlo en términos de otro tiempo que, curiosamente,
no es el presente *sensu stricto*, sino el gerundio por cuanto este contiene lo
ya sido y, sobre todo, por cuanto incorpora lo *por ser* como nota fundamental del tomar conciencia del existir. Por más que el gerundio sea, gra-
maticalmente, una forma no personal del verbo, existencialmente es, con
diferencia, el modo más adecuado de expresar la acción humana en forma
de trayecto, de proyecto, de camino. De esta manera, el ahora, como el
lugar de nuestro hacer y de nuestro quehacer, es mucho más que un *ahora
puro*. No hay percepción del ahora de la vida que no se vea envuelta en el
tiempo en el que ésta se inscribe, en el que fluye, en el que, en suma, la vida
(se) vive. La fenomenología de Husserl, tan aparentemente desligada de los
insumos de lo cotidiano, asumió, con todo, este dato básico de la común
experiencia de la vida: todo ahora queda contagiado del ayer y encarrilado
hacia el mañana. Por eso, el presente propio, que es el presente ensanchado, el presente vivo, es el que, según Husserl, cuenta con el pasado que
se acumula en vivencias que conservan su *ya no ser*, y, a la vez, contiene el
futuro, precisamente, *proteniéndolo*, anticipando su *todavía no ser*. Así pues,
todo ahora no es un acontecer único y singular, sino que adquiere su sentido no sólo por cómo se enraíza en el ayer retenido (en sus distintos modos

de hacerse presente que van desde la retención más vívida hasta las retenciones más comprimidas, o incluso hasta los niveles ya no conscientes de los olvidos o de las retenciones *cero de afección*), sino por cómo se adelanta al futuro y advierte, en su ser, una abertura a lo *todavía no sido*. La fenomenología husserliana, en su maduración y en su constante profundización, terminará descubriendo todavía más la imposibilidad de contar con una suerte de *ahora puro*, con un tipo de presente estricto, con una impresión originaria que concentre en sí todo el ahora presente. El descubrimiento del enraizamiento de toda conciencia en esa infraestructura de sentido que la constituye —explorada la escasa fertilidad del trayecto cartesiano de la fenomenología trascendental— hace que el tiempo presente deba situarse más bien en la tensión entre las retenciones y las protenciones, insistiendo en diluir la entidad autónoma a la que parecía apuntar el ahora presente al que vulgarmente apelamos. «Nunca estamos a la altura del presente»[1], sostiene Safranski. Todo *ahora* —una vez que se ha comprendido el drama de que el ahora mismo concreto queda en el punto ciego de la percepción presente— queda postergado al tamiz consciente que alambica lo vivido en esa fluidez reflexiva que es la conciencia.

Cualquier investigación que pretenda soldar la experiencia exclusivamente al rígido y estricto sentido del tener experiencia o del haberla tenido, desconoce la realidad de la experiencia humana y su ingrediente de anticipación que da razón de por qué, de alguna manera, toda experiencia está constituida por un vasto campo de *inexperiencia*, es decir de falta y de vacío en el presente *ahorado*, si se me permite el neologismo.

Es evidente el peso que debe tener Heidegger en un libro sobre fenomenología de la experiencia del tiempo. He querido proponerlo y discutirlo. He intentado, al menos apuntar, si sus intuiciones sólo cuajan con una temporalidad abocada al ciego destino de la muerte y provocada por el arrojo que descubre al ser humano caído, o quizá el futuro que da sentido al existir es comprensible desde una existencia que es puro don y que hace compatible sus angustias existenciales con la conciencia de quien se sabe siempre

---

[1] Safranski, *El tiempo*, p. 199.

siendo por los otros, entre los otros y ante los otros y, por qué no, sostenido por un absolutamente Otro. Esto es, agradecido, cuidado y responsable.

Parece indiscutible que al tiempo le va el pasar. Si algo hace el tiempo es transcurrir, avanzar, correr, en suma, durar. El lenguaje popular parece incidir en una cierta impersonalidad del tiempo: el tiempo pasa y nos pasa. El tiempo que pasa y nos pasa, nos atraviesa, nos vertebra, nos constituye. El tiempo, por tanto, pasa y nos pesa. Y por eso, *ser en el tiempo,* no es tanto ser en una circunstancialidad que podría no ser, sino que la aparente accidentalidad del *ser en el tiempo* debe entenderse más bien al contrario, sustancialmente. Somos en el tiempo porque somos, de algún modo, tiempo. Somos en el tiempo porque somos *por* el tiempo, *mediante* el tiempo. Somos en el tiempo porque nada somos *sin* tiempo. Nuestro ser pasajero, frágil, dinámico... lo es por ser vital. De hecho, la vitalidad termina siendo sinónimo de esa palabra que tanto nos dará que hablar: la temporalidad, esto es, el modo en el que nos descubrimos y vivimos nuestro *ser en el tiempo.*

Pero, además, parece que el tiempo tiene algo que sobrepasa al mismo tiempo. Esto es, la idea del tiempo nos sugiere de inmediato algo relacionado con lo cronológico, con el tiempo del reloj. De ese tiempo somos verdaderamente conscientes en la espera, en el *estar sin hacer nada,* mientras pasa el tiempo. Qué largas se hacen las horas, el paso de los minutos, el transcurrir lento y cadente del puro pasar. A eso lo llamamos aburrimiento: al encuentro paralizante con el puro pasar en el que el tiempo —sostiene Safranski— no quiere pasar, se detiene y se demora de un modo insoportable[2]. Que el paso del tiempo *se nos* haga largo muestra la diferencia entre lo cronológico y lo vivencial. Por ello, el tiempo que nos importa aquí no es ese tiempo que se divide en horas, minutos, segundos... El tiempo que nos importa es el tiempo cargado de sentido, el tiempo vivido, el tiempo que constituye el modo como el mundo se configura como nuestro mundo. El tiempo, así pues, tiene algo que no se puede medir por el tiempo ni situar en el tiempo porque es un tiempo que excede al tiempo.

---

[2] Safranski, *El tiempo,* p. 23.

Con todo, este no es un libro sobre el tiempo[3]. El tema del tiempo es un tema sobremanera tan interesante y permanente como inabordable del todo en su extensión, san Agustín lo sabía bien[4]. En este momento, capta mi interés el hecho de pensar en el tiempo vivido, en el tiempo de la existencia personal y colectiva. En un cierto sentido, quizá podríamos asumir que queremos pensar no el tiempo sino, como decía, la temporalidad, la existencia humana en tanto que atravesada por el tiempo. Se trata, según la clásica tipología fenomenológica y hermenéutica, de una reflexión sobre el tiempo lleno, no sobre el tiempo *objetivo* en el que están las cosas, no sobre el tiempo codificado y medido, sino sobre el tiempo de la experiencia humana en el que se determinan los acontecimientos y las vivencias.

Hemos apuntado ya que, según se va a argumentar en las páginas que siguen, el presente de la existencia, el presente de la vivencia, el presente del *ser en el mundo,* es duración por ser, más bien, un presente continuo, inacabado. Y es este tiempo, esta temporalidad, la que ha sido arrebatada por el contexto y el modo de vida en el que estamos. Nos hemos quedado sin tiempo porque el tiempo real de la existencia nos ha sido expoliado.

En un mundo aquejado de una dolencia con sintomatología nihilista que se resume en la incapacidad para otorgar *telos* a lo que acontece en el revoltijo globalizador de un todo que no se sabe bien qué es, la filosofía —siempre en pie para reclamar que vuelvan a sobresalir las cuestiones sobre el sentido de la vida— debe albergar la fertilidad ontológica del futuro. Es curioso que este tiempo que repica a final de la historia, este tiempo de triunfo definitivo del capital que alcanza su legitimidad sistemática en modos democráticos que envuelven hazañas totalitarias, este tiempo en el que la cuenta de resultados termina por avalar metodológicamente todo análisis de éxito de lo humano, este tiempo en el que el progreso y la maximización de los beneficios son la pauta de la corrección de todos los procesos, se haya quedado sin tiempo,

---

[3]   Es meritorio, en este sentido, el texto de S. Castro, *La trama del tiempo,* 2002.

[4]   Safranski insiste en esa advertencia agustiniana: «El tiempo es nada no sólo cuando lo vivimos así. Lo sorprendente es más bien que puede ser pura nada cuando le dirigimos una atención concentrada». R. Safranski, *El tiempo*, p. 15.

precisamente porque el futuro que se impone termina despojando al ser humano del futuro que está implicado en el presente del existir humano.

¿Cómo puede el futuro, impuesto como criterio del progreso y de la maximización, habernos expoliado *nuestro* futuro? Lo que se va a sostener aquí es que la revitalización de las cuestiones del sentido, del sentido de la vida humana, tienen que ser pensadas en este marco en el que el futuro, en cuanto expresión de la vivencia profunda del tiempo, parece haber desaparecido. El futuro del tiempo del capital expropia la dimensión moral del futuro de la experiencia humana. Es evidente que a un tiempo que vive de lo medible y de lo contable, de pensar en el mañana en términos de necesidades que generar para satisfacer después, no le quepa dejar sitio al futuro como hontanar de la existencia humana. Porque el futuro es precisamente el tiempo que excede al tiempo que cuenta, el tiempo de todo lo que *está por ser*. El ámbito de la inexperiencia respecto de toda experiencia que pone en jaque, constantemente, toda pretensión de reducir la experiencia a lo que hay, a lo que sucede, a lo puramente presente.

En este sentido, la existencia humana es siempre una experiencia *futuriza* y, por eso, compleja y, por ello mismo, frágil. Una experiencia que busca sentido por su falta de completud presente, por la búsqueda de plenitud que pone a la existencia en la conciencia de su *todavía*. El *in essendo* constitutivo de la realidad de este ser que somos cada uno de nosotros le exige al pensar hacerse cargo de este proceso, de este dinamismo existencial que desvela que estamos ya siempre en falta, que estamos siempre *por ser*[5]. Todo tiempo presente, en ese preciso sentido, está siempre excediéndose. Toda vivencia, por muy instantánea que sea, está reclamando su rebosamiento cronológico para dar cuenta de su centralidad ontológica.

Dos experiencias cotidianas pueden ilustrar esta básica intuición: el ejercicio de la lectura y la experiencia del caminante. Las dos son experiencias que parecen estar vinculadas al inmediato presente. Una comprensión fenomenológica a vuela pluma desvelará la complejidad de las dos. Leer es estar

---

[5]   «Siempre estaremos en falta, incluso aunque no nos falte nada». J. L. CHRÉTIEN, *La mirada del amor,* p. 192.

leyendo al modo como caminar implica estar, de hecho, caminando. En la lógica de la lectura y del camino, cada ahora lo es precisamente por apuntar al futuro una vez que se sabe viniendo de atrás, una vez que se reconoce en su *provenir*. Leer y caminar son siempre experiencias que, en su proceder temporal, sirven bien de modelo a cómo todo ahora debe contar con el *provenir* pasado y con el *porvenir* futuro. Centrémonos, de momento, en cómo el ahora presente lo es en su *intentio* hacia el futuro. Echemos un vistazo.

En el caso de la lectura, aprender la técnica para poder leer es aprender a mirar exactamente más allá de la letra que en ese instante se tiene delante. Por eso, se sabe leer justo al tiempo que se va dejando de deletrear, esto es, al tiempo que se deja de pronunciar una letra instantáneamente para hacerlo en un modo de pronunciación que no pasa desapercibido por cada letra, pero que la sitúa, en su ser pronunciada, justo en conexión con la siguiente. La técnica de la lectura es, en este sentido, una técnica cuyo éxito depende en buena medida de experiencias presentes pero lanzadas, abocadas, orientadas hacia las siguientes letras, hacia las siguientes palabras. El sentido de la frase, del texto, del libro… está pendiente de lo que está por venir que es a donde los ojos deben fijarse para que discurra la lectura con fluidez. Si se quiere, todavía podemos profundizar más en esta comprensión de la lectura mediante el análisis de lo que significa la interpretación de una partitura musical. Una figura o un silencio dura lo que dura y para ello el intérprete deberá poner su mirada en lo que viene después. Por muy poca duración que tenga la ejecución de determinadas notas, la corrección depende de la técnica por la que, sin dejar de ejecutar ninguna, sin omitir ninguna particularidad, la mirada del músico está puesta allende el instante musical en cuestión. De cómo se tenga esto en cuenta, depende el *tempo* de la obra interpretada en el tiempo.

En cuanto al camino, no podemos dejar de recordar la genial ocurrencia poética de Machado de tanta hondura filosófico-fenomenológica: *se hace camino al andar.* Caminar es una experiencia práctica que, como la lectura o la interpretación musical, no es diferente del proceso. Verbo y sustantivo se complementan y se requieren. No hay lectura que no sea para el leer ni camino que no sea relativo al caminar. Se hace, entonces, lectura al leer y camino al caminar. Esta profunda vinculación entre el ser de algo y su realización en la hechura humana insiste en este modo de ser de cada uno de nosotros siempre *por hacer*. Somos seres de posibilidades (seres sometidos constantemente a pruebas, que diría Kierkegaard). Somos seres abiertos. Somos este cada día estar siendo, este a cada paso no ser del todo, este cotidiano no ser todavía. Lectura y camino son sólo dos de tantas y tantas experiencias habituales del discurrir propio del ser humano.

La clave de estas dos experiencias es la de ser experiencias del *mientras tanto*. Intentar naturalizar esta complejidad es reducirla y, por tanto, traicionarla, lo veremos en las páginas que siguen. La lectura y la experiencia del camino explicitan aquella reflexión hegeliana que pone razón en la potencia del sistema: cada momento es tan necesario en el procedimiento como contingente en sus pretensiones de definitividad. Cada paso, cada tramo, cada letra, cada nota, cada silencio… es necesario para la culminación, tanto como es pasajero en su acontecer. O lo que es lo mismo: la necesidad le viene a lo individual por la referencia al futuro al que resulta tensionado; la contingencia, por lo que significa lo particular en el ahora entendido este como el mero *tris* de su suceder.

> Un ejemplo también al alcance de todos es el comienzo; la cosa en su comienzo no es aún, pero este no ser de la cosa no es un mero no ser, pues ya contiene su ser. El comienzo mismo es también devenir y expresa ya el respecto al proceso ulterior (Hegel, *Enz.* §88,3).

En esta misma línea y siguiendo con la metáfora musical, cada acorde es un solo sonido de una armonía en la que las distintas notas son precisas para el resultado final en una ejecución que, al no poder por menos de tener en cuenta a cada una de ellas, sin embargo, asuma hasta qué punto su contribución al resultado exige tanto su toma en consideración, como su disolución como sonidos individuales en el todo del acorde ejecutado. Son lo que son en su individualidad más propia e irrepetible y, a la vez, en su dejar de ser para sonar de otra manera.

En este libro, intentaremos dar cuenta de la hechura existencial de este forjado *todavía no ser* de la esencia del ser humano, de su *ser en camino,* y, cómo no, de los modos de tergiversación de la misma en cuantos intentos se dan, a nivel individual y colectivo, por cercenar toda proyección constitutiva en una deyección presentista cabizbaja y *carpediemista* hacia el hoy, ahora y aquí. Conviene, creo yo, avanzar que esta temporalidad que pone su foco en la potencia realizadora del futuro sobre el hombre, explica filosóficamente bien experiencias tan reales como aquellas que asumen la flacidez de todo lo que parecíamos tener sólidamente asentado, o la provisionalidad que nos acontece cuando el tiempo le retira la máscara de la plenitud y de la perfección a la obra de factura humana.

Que seamos *todavía por ser,* que estemos siempre en un *mientras tanto,* que seamos seres *in fieri*… son los modos que resumen la verdad de la experiencia de lo que somos. Un yo que es, en el fondo, apertura y, por tanto, no ser del todo; un yo que es siempre tarea por llegar a ser. Lanzado, volcado, proyectivo… abierto, hasta tal punto que nada colma del todo y para siempre su ser, precisamente por su condición itinerante, que diría Marcel. Somos siendo, es decir, habiendo de ser. La contingencia no es, pues, la excepción superable, sino la condición inapelable.

El ser propio del ser humano le hace esencialmente *experienciarse* como siendo modos de *no ser,* como siendo modos de irrealidad precisamente por el modo de ser *futurizo* al que genialmente se refiere Julián Marías en su conferencia relativa a la persona humana y en su *Antropología,* asumiendo así toda la herencia de Ortega y de Zubiri al respecto. La estructura de la vida como futurición —había escrito Ortega— es el más insistente leitmotiv de mi filosofía[6]. Lo veremos en las páginas que siguen, pero conviene avanzar que la vida que vamos haciendo y en la que nos desenvolvemos, constituye una realidad siempre gestándose.

---

[6] J. ORTEGA Y GASSET, *Obras Completas,* vol. V, p. 128. «Como los intérpretes han mostrado, entre las fuentes concretas de esta idea se encontraría, sí, Heidegger, pero también Goethe, con sus ideas sobre la biografía y su reflexión sobre la vocación; Nietzsche, con sus análisis de la capacidad de prometer; Aristóteles, con la importante metáfora del arquero que pone su vida en tensión hacia una meta; Bergson, con su concepción del tiempo de la conciencia como duración; y otros muchos autores. Pero, más allá de las diversas y variopintas influencias que pudieron tener parte en la génesis de esta idea, la futurición es una concepción fraguada en el íntimo y habitual contacto de Ortega con la fenomenología, especialmente con las ideas husserlianas de retención y protención». M. ALONSO FERNÁNDEZ, «El problema de la futurición en Ortega y Marías», *Revista de Estudios Orteguianos,* n.º 29, 2014, 155-183. De la cita, p. 173.

> Nuestra vida es ante todo toparse con el futuro. No es el presente o el pasado
> lo primero que vivimos, no: la vida es una actividad que se ejecuta hacia adelante
> y el presente o el pasado se descubre después, en relación con ese futuro[7].

Los anglosajones llevan en su propia comprensión gramatical esta misma idea. El presente del existir aquí y ahora es siempre un *presente continuo,* formado, como se sabe, por aquello que nosotros llamamos gerundio, El participio es el resultado de lo ya hecho. El gerundio es la forma en la que se advierte de lo que está por hacer en la medida en que ya se está gestando, aunque *todavía no* realizado del todo. Se trata del *entre tanto* del existir que, ante todo, se sabe y se reconoce existiendo. Se entiende mejor por qué Zubiri se refiere a esta genuina manera del existir humano como *modo gerundial*[8].

Adviértase de que, entre las diferencias específicas del ser humano con respecto a los otros entes, reside precisamente la constitutiva raigambre de su ser en la posibilidad. Si pensamos bien, la posibilidad es un *haber de ser* cuyo límite, si es que puede decirse así, radica en la propia realidad en la que nace esa misma posibilidad. De esta manera, no hay *posibilidad posible* que sorprenda a la naturaleza de lo real, esto es, que no esté como *in nuce* en el ser que actualmente es. En términos aristotélicos, «lo que es» es el acto de ser lo que es más la potencia de las posibilidades que contiene. En este marco, es más fácil entender cómo lo propio del ser humano es que no sea sin su ser posible. La madera lo es, aunque no se resuelva potencialmente en mesa; pero el ser humano no es sin su poder ser.

Es imposible que no sea posible. De aquí nace la intuición que guía este libro: la temporalidad que determina la existencia del ser humano es tan *por ser,* que toda evaluación sobre la vida del hombre que sólo atienda al estado presente, a la situación débil del parco y momentáneo existir, estará podando las posibilidades de que, lo que ahora parece no ser, sea, y de que lo que en este momento es, deje de serlo. Como si el presente pudiera no estar henchido de esta radical tendencia en la que se expresa el tiempo de la existencia humana. Por poner un ejemplo, la vida humana, en su mismo

---

[7] *Obras Completas* VIII, 428-429.

[8] Cfr. X. ZUBIRI, *Estructura dinámica de la realidad,* p. 233-234.

proceso de gestación, no puede ser evaluada desde un presente desconectado del *por ser* que va formando el ser humano que está ya en su *ir siendo*. Para que la gestación tenga densidad ontológica y se dote de continuidad el instante primero del proceso y la existencia extrauterina, necesitamos pensar en un modo de presente en términos de *presente continuo* en el que la dignidad del ser le sobrevenga no sólo a pesar de que todavía no sea sino, precisamente, por este constitutivo y esencial *todavía no ser* del todo como condición de su *ya estar siendo*.

Tenemos por delante el camino en el que habremos de desbrozar todas las conexiones entre el presente y sus implicaciones con los otros dos éxtasis temporales sin provocar reduccionismos de ningún tipo y sí, abriendo la reflexión a la experiencia cotidiana del fenómeno radical del existir y a su estrecha conexión con nuestra frágil experiencia del tiempo. Por eso, debe quedar claro que el interés de estas páginas reside en pensar el presente en el que somos desde el *tener que ser,* desde la perspectiva fenomenológica que nos conmina a estudiar el tiempo del vivir humano en el que, asumiendo lo sido, somos tensionados a lo *por ser*. Quede como emblema de toda esta reflexión la maestría de san Agustín:

> Si pues el presente para ser tiempo es necesario que pase a ser pretérito, ¿cómo decimos que existe este, cuya causa o razón de ser está en *dejar de ser* de tal modo que no podemos decir con verdad que existe el tiempo sino en cuanto tiende a no ser?[9]

---

[9]   S. Agustín, *Confesiones,* Libro XI, cap. XIV, 17.

II

EL FUTURO EXPOLIADO:
SISTEMA Y *SIN TIEMPO* DE LA EXISTENCIA

> Hasta ahora nos parecía que uno de los derechos más inalienables
> de la vida humana era el de trazarse un proyecto de vida personal
> y profesional. Esto ya ha pasado debido a la fuerza de las circunstancias,
> nos hallamos en una situación en la que nos vemos obligados
> a renunciar al afán por el día de mañana (Mt 6, 34).
>
> D. Bonhoeffer, *Resistencia y sumisión,* p. 27.

Bonhoeffer, teólogo y pastor de la Iglesia confesante, sigue diciendo, un poco más adelante, que esta renuncia al futuro es muy diferente si viene ejercida por una libertad centrada en la fe que se compromete con el ahora o si, por el contrario, no es más que la consecuente vivencia de una obstinada entrega y servidumbre al momento presente. Partamos de la tesis que hemos mencionado hace unas pocas líneas: un mundo sin sentido es un mundo sin dirección, sin perspectiva. Pero eso no significa sin más que el mundo no tenga su condición móvil que le haga avanzar y progresar. Más bien lo que se impone es lo que llamaremos la condición atélica del mundo: un mundo sin sentido es un mundo con marcha, pero sin rumbo; un mundo que prosigue sin saber a dónde va. Que el mundo siga no dice nada acerca de cómo sea su proceso. Por eso los seres humanos insertan con su modo de ser en el mundo, precisamente, el sentido que la progresión natural no imprime de suyo en la realidad. El ser humano es entonces el responsable de hacer viable realmente el conjunto de posibilidades del mundo. Por eso el hombre tiene una capacidad creadora en el sentido de ser titular de una inmensa potencia creativa. Las manos del ser humano no son tan creadoras como creativas. Las manos del hombre, como las de Miguel Ángel, no construyen la Piedad, sino que son las encargadas de eliminar el mármol sobrante para que la figura latente se haga patente. El ser humano descubre. El hombre es, entonces, el perpetuo artista que toma la naturaleza para que esta dé de sí las posibilidades que le son suyas muchas de las cuales parecían imposibles. La vida del hombre en el mundo, en cuanto vida creativa, constituye su quehacer, insistimos en el curioso neologismo, *futurizo*.

Sabemos bien que la evolución de la civilización está básicamente sostenida por este deseo constante de intervenir en el *dar de sí* de lo real, en la marcha de la naturaleza. La agricultura es una buena muestra de ello. La agricultura es la experiencia de cómo se compaginan el intelecto, la creatividad y la realidad con todas sus posibilidades. Es la realidad la que marca la pauta de las posibilidades y de los límites de lo que se puede hacer. Es el intelecto el responsable de captar y examinar esas posibilidades de lo real. Es la creatividad, por último, la actitud adecuada para saber cómo esas posibilidades se compaginan con las necesidades de la vida humana.

Una vida *de una pieza,* una vida plena, es un tejido de sabiduría teórica y práctica, de conocimiento e innovación, de firmeza y riesgo. Durante mucho tiempo se diferenció entre los otros animales y el hombre precisamente porque aquellos tenían la vida hecha mientras que este tenía que hacérsela. La misma condición diferencial del hombre con respecto a los otros seres vivos era precisamente esta naturaleza contingente que le obligaba a una tarea permanente de mejora y de satisfacción de su constitutiva precariedad. En suma, los hombres tienen que hacerse la vida porque el mundo con el que se encuentran no les sirve por defecto. El mundo no les da la vida hecha. En esta misma línea de reflexión —Zubiri lo vio perfectamente— se engarzan las dimensiones ontológicas y morales de la existencia humana. Que el hombre sea en el mundo determina una básica y constitutiva determinación del orden del ser, lo que llamaríamos la perspectiva ontológica. Lo que sucede es que ese mundo en el que el hombre es, es un mundo que debe ser hecho siguiendo ahora la perspectiva moral. La acción genuinamente humana está, pues, constituida, en su haz y en su envés, por lo ontológico y por lo moral:

el hacer humano no es solo una acción, sino la acción que se *ha de hacer*. De alguna manera —en esto insistía Bloch con su *opitimismo militante*— se trata de la tendencia a la humanización que lleva a cabo la acción humana en el mundo. O, por qué no, la experiencia vocacional que barruntó Ortega al advertir que el ser del hombre es siempre un *tener que ser*.

El mundo, en sí mismo, no es convergente a lo humano. Es radicalmente contrario a él, o mejor dicho, indiferente a él. El mundo que es mundo humano es el mundo intervenido por la acción del hombre. De modo que, el mundo que es *para el hombre* debe ser un mundo moldeado *por el hombre*. Hombre y mundo sólo son coextensivos, precisamente, en esa dimensión que tanto ocupó al Heidegger de *Ser y Tiempo*: la de la apertura (*Erlossenheit*). ¿Qué significa que el mundo esté abierto? Que más fuerte que la realidad es la posibilidad, siguiendo otra vez al de Messkirch. Que el mundo es lo que es y todas las posibilidades de ser que tiene. *Ser en el mundo* es, en ese sentido, *haber de ser*. Ser en el mundo es, en cuanto tarea por hacer, *todavía no ser*. ¿Qué significa, por su parte, que el ser humano esté abierto? Que su existencia está determinada por una acción no precisamente de acoplamiento y sumisión al mundo dado, sino de captación y, sobre todo, de actualización de las posibilidades. Se trata del ser posible del ser humano realizado en la posibilidad de lo real, esta es la clave. Porque el hombre cambia el mundo solo si el mundo tiene la posibilidad de dejarse cambiar, sólo si en las entrañas de lo real anida esa posibilidad como posibilidad propia. Todo ello para decir que la vida humana es humana en esa tensión hacia lo *por ser* que determina la propiedad de su acción y que hace del porvenir el tiempo propicio de la existencia del hombre en este continuo presente.

Un mundo sin sentido es, entonces, un mundo inhumano, un mundo en el que la acción humana no *se las ha* con el bien que se busca ni con el fin al que se aspira. El mundo sin sentido es, en el fondo, el mundo *consentido,* el mundo no intervenido, no sanado, no mejorado, no formado y, por ello, *deformado* para el ser humano. El futuro —esta es nuestra tesis— puesto que determina ontológicamente el ser de este ser que somos, tiene siempre un talante moral inextricable.

Creo que con estas líneas se insiste en lo que ya se conoce desde hace tiempo y que vertebra la antropología filosófica desde sus momentos fundacionales: el ser humano constituye su ser en un *in essendo* que le sitúa como el eterno protestante ante la realidad, que diría Max Scheler, o que le determina como un animal no fijado, en palabras de Nietzsche. Sin embargo, lo que interesa ahora, al menos para el propósito de este libro, es analizar lo real de fuera a dentro, desde el sistema que nos constituye social y políticamente, hasta las mismas entrañas de la existencia humana para ver en qué medida nos hemos quedado sin futuro, y en qué sentido el ser humano, en el siglo XXI y ante el capitalismo voraz que determina, forja y construye el mundo, se siente otra vez preso de una nueva reedición del mundo inmundo, del mundo sin sentido precisamente por un sistema que lo ha *consentido,* como acabamos de decir. Creo que, en buena medida, el capitalismo debe su triunfo al acompasamiento sin dificultad con respecto al mismo *tempo* de la existencia humana. Veamos.

Queremos siempre más. El inconformismo forja nuestro carácter. El progreso es una necesidad inherente, y así podríamos seguir… Los pilares conceptuales del capitalismo no son cartas debajo de la manga, sino ideales bien públicos y manifiestos que conectan con la querencia más innata del hombre y de la civilización. El inconformismo ha terminado cambiando rumbos del todo caóticos. El progreso ha alcanzado cotas de bienestar insospechadas. Todos estos aspectos justos y nobles pueden, cómo no, pervertirse. Y el capitalismo, que ha sido transparente para con los fundamentos que le sirven de ideales, no lo ha sido para con sus significativos deterioros, justamente en el momento de su exacerbación. La forja del sistema del capital que nos hace pensar, por ejemplo, en la mejora de las condiciones sanitarias gracias al progreso económico, a la inversión, al diseño de potentes empresas que, en la legítima maximización del beneficio, han logrado soluciones para la vida humana impensables solo hace unos pocos años, a la vez pone sobre el tapete la imparable marcha del mundo donde la pobreza no tiene su sitio justo, todo lo más migajas caritativas; donde las oportunidades dependen de las latitudes; donde los derechos están en relación directa con los ingresos… ¿Un mundo mejor a costa de no ser un mundo bueno?

Como se sabe, el capitalismo deja de ser solo un modelo de organización económica, para extender su omnipotencia al ámbito superestructural de determinación de las relaciones personales y sociales. El modo de razonamiento, copado por el capital, no atiende a otras lógicas que las que ya conocemos bien: el beneficio final, la cuenta de resultados, el poder o el placer. La atmósfera del capitalismo envuelve nuestro tiempo de una normalidad tal que parece inviable otro modo de ser. Y esto es lo que le da al mundo, al acontecer económico, a la convivencia social y, por supuesto, a la organización política, la fortaleza inquebrantable. Y así, el sistema capitalista, cuanto más pase por ser lo ordinario, menos necesidad tendrá de cambiarse. Cuanto más se presente del todo natural, menos obligación habrá de ser revisado. Esta ha sido la verdadera potencia del capitalismo: no sólo congeniar con las inquietudes del ser humano en cuanto necesitado de progreso y de cambio, de más y mejor, sino, sobre todo, su capacidad para pasar desapercibido y establecer su modelo del todo compatible y hasta confundible con la misma lógica humana. Desde aquí, desde este análisis, es fácil ver dónde se sustenta el argumento de pasividad y de aceptación del dominio inhumano del mundo: en la imposibilidad de poder pensar su rumbo *de otra manera*. El capitalismo, tan amable para con los cambios sobrevenidos y tan rebosante de optimismo, está forjado por un realismo que se ha colado hasta las entretelas de la existencia humana: no hay nada que hacer. Esto es lo que hay. Y este realismo que lo alimenta es el que impide que el futuro del capital tenga algo que ver con el futuro constitutivo del ser humano.

Desde la óptica kantiana descrita en textos como *Qué es la Ilustración* o las *Ideas para una historia universal en sentido cosmopolita,* podría discutirse la legitimidad moral del capitalismo respondiendo a la pregunta clave para el análisis del progreso: ¿desarrolla este sistema una *intención de naturaleza?* Es decir, ¿supone el capitalismo en toda su extensión un desarrollo de las capacidades racionales del ser humano? ¿permite el capitalismo el ejercicio del *uso público de la razón* por el que el pensar se concibe como una primera experiencia subversiva ante lo dado? Parece que, el capitalismo, viviendo del progreso y asumiendo la radicalidad del futuro en forma de maximización del beneficio y por tanto de mirada hacia un mañana que nunca está cómoda en el presente, nos ha dejado sin *nuestro* futuro. Esta es nuestra tesis. Ese futuro expropia al ser humano su *potencia futuriza,* su ser *todavía,* su capacidad para saberse activo y creador, responsable y actor de lo que quiera hacer con su existencia. El futuro del capital no es el futuro del constitutivo *todavía* de la existencia. El capitalismo, en suma, elimina el talante moral del futuro existencial.

> Sin ideas, sin un horizonte de sentido, la vida se reduce a la supervivencia, o a la inmanencia del consumo. Los consumidores no tienen esperanzas. Lo único que tienen son deseos y necesidades. Tampoco necesitan ningún futuro[10].

La última deriva de las crisis políticas, económicas y sanitarias (que, al parecer, siempre son parte constitutiva del sistema) diluye la sensación de culpabilidad, anula la posibilidad de investigar el orden de las causas, y nos sitúa como reos de un destino que avanza a un ritmo que no sabemos quién marca, de un camino que ignoramos a dónde nos lleva, y de una solución que es evidente que no está en nuestras manos. Los grandes temas sociales: la pobreza, la distribución de los bienes, el cuidado del medioambiente… son tan acuciantes como insolubles para la iniciativa individual y colectiva. Una política que quisiera resolver todas estas cuestiones sería, sin duda, política ficción. De hecho, se sabe bien que el margen que los políticos tienen para que, mediante iniciativas políticas, resuelvan los grandes asuntos de lo político, es cada vez más estrecho. No solo porque las grandes decisiones excedan el ámbito municipal, regional o estatal, sino porque la política ha demostrado no poder hacer otra cosa sino asumir la ingobernabilidad de lo económico. La ciencia política, la filosofía moral y la sociología, entre otras, han hecho esfuerzos sobresalientes por pensar todo esto.

Nuestra intención es, sin embargo, saber en qué sentido esta estructura del capital afecta a la concepción del tiempo donadora de sentido a la existencia, a esa comprensión del futuro que intentamos pensar. En esta atmósfera, el ser humano queda lastrado en su quehacer precisamente por esa sensación, bien real por otro lado, de que no hay nada que hacer. Resuenan los ecos de una especie de fatal necesidad, de un *fatum* que nadie ha decidido, de un paso por fases cíclicas que invita a la resignación. Sin poder pautar un cambio de rumbo decidido —porque la lógica del mundo

---

[10] Byung-Chul HAN, *El espíritu de la esperanza,* p. 39.

no se deja transmutar fácilmente— sobresalen las actitudes de la resiliencia y de la resignación que, además de tranquilizar las preocupaciones del hombre, sustentan la estructura y retroalimentan la pasividad del hombre ante el sistema. Pues bien, uno de los modos en los que el sistema afecta al ser humano tienen que ver con la rapidez y con la aceleración. «Asistimos a la evidencia no sólo de transformaciones incomparablemente más rápidas que el ritmo histórico anterior sino también más profundos, lo que autoriza a calificar este proceso como *aceleración histórica*»[11].

Desde los tiempos de la revolución industrial y, sobre todo, desde el s. xx, la conciencia de la creciente aceleración temporal es evidente. La aceleración, la rapidez y la velocidad son las notas constitutivas del acontecer de lo real. Se trata de una noción de acontecimiento que abandona la excepcionalidad del suceder sólo una vez en su novedad rupturista y novedosa, para que ese carácter repentino se produzca cronológicamente una vez detrás de otra trastocando aquella noción de riesgo inherente para cambiarla por esta otra de peligro constante. La aceleración, que deja sin tiempo al acontecer en su espesura, trasviste la noción de riesgo en la idea de peligro que, hasta ahora, sólo era entendido como anomalía del sistema al ser, ante todo, sobrevenido. La gran cuestión es saber cómo estas características han contagiado los modos de vida humanos hasta llegar a formar parte de la esencia del hombre de nuestro tiempo. Ser es siempre ir deprisa, acontecer velozmente, pasar constantemente. Las modas son un buen reflejo de esto que sucede: las campañas siempre acaban meses antes de que siquiera lleguen cronológicamente las temporadas. De este modo, como incide sabiamente Aho[12], esa temporalidad descompuesta incide patológicamente en los hombres de nuestro tiempo. Parece evidente que en ese clima de la aceleración y de la rapidez solo puede contar *lo que cuenta*, solo puede valer la eficiencia y el cálculo como criterios de validez absoluta. O lo que es igual, el triunfo de las lógicas del capital y de la razón

---

[11] Carlos DE CABO, *Dinámica social-estática constitucional en la fase actual desde el constitucionalismo crítico,* p. 21.

[12] «Acceleration and Time Pathologies: The Critique of Psychology in Heidegger's Beiträge».

instrumental, necesitaba de esa concepción del tiempo interesada en el puro pasar del mismo, con la particularidad, sobremanera interesante para la reflexión, de que las propias dinámicas de lo económico y de la eclosión de la tergiversación metafísica del ser degenerado en los entes —que diría Heidegger— abonan e incrementan esta necesidad de estrechar los márgenes del tiempo hasta reducirlo a una pura sucesión de instantes rápidamente sucedidos. Podríamos pensar que lo que aporta el triunfo de lo contable y de lo eficiente al tiempo de la rapidez es, sin más, la aceleración que provoca la idea de que lo rápido es siempre susceptible de incrementarse en su velocidad. El acontecer de lo real termina, en suma, expropiando tiempo al tiempo. La imagen que ilustra mejor este proceder de la rapidez en la comprensión del tiempo es la de la red.

Internet tuvo un primer objetivo de servir como canal de comunicación que permitiera una relación más fluida, más eficaz y más eficiente. A finales de los 90 la estructura de lo que significaba la World Wide Web estaba ya clara. El progreso posterior consistió en una adecuación de contenidos (no se trataba simplemente de publicar online lo que podría aparecer en otros soportes, sino de adaptar e incorporar otros lenguajes, otras estéticas, otras condiciones de éxito comunicativo, en suma), en un ensanchamiento de la red para que cada vez hubiera más espacio para todo el volcado de la información y, desde luego, en mejorar las condiciones de accesibilidad. ¿A qué se refiere esta mejora última de las condiciones de accesibilidad? No sólo a que cada vez sea más común y más extendido el uso de esta tecnología, sino a que esta sea más rápida, más inmediata. El acceso a internet sin rapidez hoy no sirve. Y es esta inmediatez la que ha servido para diseñar un paradigma para la comprensión del tiempo y para construir el criterio de validez de todo acontecer. Se trata de una inmediatez garantizada por una rapidez en el acceso a la información siempre en progreso. De ahí que insistamos en cómo, en buena medida, el progreso que le queda a la web tenga que ver con la aceleración. No habrá que justificar demasiado en qué medida esta noción de la rapidez y de la aceleración alimentan la inquietud del ser humano, inquietud que, de nuevo, desafía la concepción del futuro que debe sostener y dar plenitud a otra experiencia de una inquietud, si se quiere, más auténtica que esta sobrevenida por las condiciones del tiempo impuestas.

Lo que han observado algunos autores en la línea de la teoría crítica, como Horkheimer y Adorno, pero también como Kosseleck y Rosa, es cómo el emblema de la aceleración y de la rapidez terminan alienando al ser humano precisamente por hacerle siervo del mecanismo industrial y maquinal, mientras este cree que sigue siendo su señor. Si la máquina fue entonces el modelo de trabajo, estaba clara cuál era la lógica subyacente: una inversión fuerte que soportara una producción intensiva sin descanso y con un ahorro en gasto social de personal hasta ahora insospechado. La máquina representó un fuerte aldabonazo a las pretensiones del marxismo precisamente por contradecir las contradicciones del capitalismo previstas por el autor de *El manifiesto*. El capitalismo contiene en su núcleo la lógica de la productividad que acabará con el propio capitalismo, sostenía Marx. El incremento tendencial del beneficio y la maximización económica que auspician el sistema chocarán de frente —creían los marxistas— con un proceso finito de proletarización creciente (llegará un momento en el que ya nadie más pueda ser trabajador, porque todos ya, de hecho, lo sean). La resistencia física del trabajador pondrá el límite definitivo a lo que se puede producir. El tope de la ganancia marcará entonces el inicio de la bajada estrepitosa del beneficio y el capitalismo recibirá el castigo de su propia lógica. El colapso del sistema estará servido. No en vano, la crisis de la bolsa de Nueva York, en las postrimerías de la segunda década del s. xx, o la crisis del petróleo, medio siglo después, parecieron dar la razón al visionario pensador.

Sin embargo, como se sabe, esto no fue así. La máquina multiplicó exponencialmente los efectos del trabajo manual. Los rendimientos terminaron siendo del ciento por uno y el trabajo tradicional pasó a ser, más bien, un servicio de mantenimiento, de atención al proceso, de control del mecanismo. El telar como paradigma de la Revolución Industrial fue sustituido por la máquina como modelo del capital y símbolo de la eficacia y de la eficiencia como notas constitutivas del sistema. Pues bien, en nuestra opinión, la rapidez de la máquina ha sido de nuevo revolucionada por la aceleración de la tecnología. Según Hartmut Rosa es el mismo hecho de movernos y de situarnos en la tecnología el que provoca este modo acelerado de existir, teniendo en cuenta que todo ello calienta los motores de la competencia, del beneficio material del capitalismo, y de la promesa de eternidad entendiendo por tal no ya una *vita post mortem* cuanto una vida que se pone como objetivo aprovechar todas las oportunidades[13]. Se amalgaman aquí los tres modos de aceleración detectados por él: aceleración de procesos, de cambios sociales y de ritmos de vida.

Si pensamos en un proceso mecanizado, la clave reside en el mantenimiento de un *tempo*. El ritmo es fundamental para una programación que funciona sin prisa y sin pausa. Por eso el modelo productivo del capitalismo es el de la cadena: repetición constante y permanente de un mismo proceso que sostiene un método en el que la especialización de cada uno en lo poco contribuye a un producto final mejor. La rapidez no viene garantizada por ningún *deprisa*, sino por el orden metódico y rítmico de un proceso imparable pero uniforme. Y así, el éxito del modelo de producción fordista no es otro que la *resistencia*. Por ello, insistimos en que la aceleración proviene fundamentalmente de una revolución postrera que apunta a la intervención decidida de la tecnología. Y aquí entra ya con todo derecho ese *deprisa* que no soporta la cadencia que el acontecer de lo real va marcando. Si la máquina y su racionalidad instrumental terminan suponiendo una imposición sobre las cosas e implantando una lógica del dominio que subyuga el mundo a los intereses del sujeto, la tecnología extenúa este mismo proceso hasta llegar a intervenir en la propia esencia de la cosa. Fue este, y no otro, el miedo que asoló, en el fondo, a Husserl, a Heidegger, a Arendt y a tantos pensadores del s. XX: ¿y si la tecnología termina devastando la propia esencia del hombre? La técnica moderna —por decirlo en terminología heideggeriana— pudo imponer el ritmo al progreso de modo que el devenir esperable de la historia fuera en un *in crescendo* imparable. La técnica tecnológica, de la que ya hemos hablado en otras publicaciones[14], altera este ritmo uniforme al implantar la aceleración que afecta medularmente a la esencia de lo que significaba, incluso, la misma idea de progreso.

Una de las maneras de anular esta esencia, creo, tiene que ver precisamente con ese expolio del futuro del que venimos hablando precisamente

---

[13] Cfr. H. Rosa, *Alienación y aceleración,* pp. 40ss.

[14] Chillón, *Serenidad, Heidegger para un tiempo postfilosófico.*

mediante la implantación del modelo que hace de la existencia una carrera continua de superación guiada por una competitividad sin dilación. Lo común y habitual es siempre poco y despacio. Y entonces, ese *todavía no ser* que determina la esencia de lo que somos, termina confundiéndose con el *todavía no ser suficiente* tan emblemático del sistema en el que estamos enredados.

Es normal que la única tabla de salvación frente a este futuro intranquilo e intranquilizador sea el presente y la vivencia inmediata del ahora. Vemos, por doquier, que las grandes pandemias de nuestro tiempo penden del desequilibrio emocional del estrés. El estrés es la respuesta a las demandas constantes de un sistema siempre insatisfecho. Ante esta lógica del constante e incesante reclamo, el ser humano se siente desbordado, incapaz de acceder a todo, de responder a todo, de resolverlo todo… y comienzan a acontecer una miríada de síntomas físicos y psíquicos difícilmente compatibles con la experiencia de la felicidad. Ahí cuajan cada vez más las terapias de resiliencia, de tranquilidad, de paz, de sosiego, de pensamiento positivo… sin pararse a penas a pensar que, aun contradiciendo el sentido de la deriva del mundo, siguen participando de su misma lógica. ¿Por qué? Porque esa terapia de reconstrucción del yo lo es a cambio de una previa aceptación de la estructura del mundo que termina dejando el mundo como estaba. El alto directivo debe ir a yoga dos veces a la semana. ¿Para qué? ¿Para cambiar algo de su estructura laboral? ¿Para luchar por una transformación de mentalidad en relación a lo que significa éxito empresarial? ¿Para convencer a su negocio, a sus trabajadores, a sus públicos… de que se puede hacer otro tipo de economía? En absoluto. El alto directivo, el político con graves responsabilidades, el funcionario a cargo de una multitud incontable de asuntos que resolver, el autónomo asediado por las presiones burocráticas, asiste a yoga para poder soportar. ¿Se ve el cambio? ¿Se entiende entonces cómo la clave de las terapias alternativas de atención al presente, de concentración en el ahora… son sólo experiencias para soportar (y, por tanto, para mantener la misma lógica) y no para transformar?[15] Vivir (solo) en

---

[15]   Según Levinas, el hombre moderno, situado frente al mundo, quiere arrojar el manto de su paz interior. «Su falta de escrúpulos es la forma vergonzosa de su tranquilidad de conciencia (…) Contra el porvenir que introduce cosas en los problemas resueltos en los que vive, le pide garantías al presente». *De la evasión*, p. 75.

el presente, por muy bienvenido que deba serlo como estrategia psicológica para subordinar las preocupaciones y los miedos y resituarlos en un pensar saneado que no quiera patologizarse, no es propio sino de una concepción de la existencia no del todo humana por lo que tiene de ocultamiento de lo *por ser*.

Vivir así es no contar con el tiempo, con la posibilidad, con la apertura, con el ser proyecto de toda existencia auténtica. En muchas ocasiones, sobre todo en las más decisivas, la ocupación en el presente lo es por no agotarse en la instantaneidad de su suceder y estar entonces abierta al futuro y por haber sido ya vivida como preocupación en el pasado. Porque somos (en la) historia. Y porque hay un nexo que vincula nuestra mismidad en la ocurrencia múltiple y diferenciada de las circunstancias. Por eso, al presente se llega con un bagaje decisivo, con una infraestructura de sentido fundamental que nos permite integrar en el curso del existir lo que va sucediendo. Es curso, es recorrido hacia, es *telos*. Por eso, la sobrevaloración exclusiva del presente termina expropiando al hombre de la historia, del *continuum* por el que sabemos que cada momento es experiencia de una trayectoria que se mantiene operante en cada hoy[16].

Platón (*Crátilo* 400c) sostuvo en su momento que el alma está tumbada, secuestrada e incluso enterrada en el cuerpo precisamente cuando está alojada sólo en el presente, en la medida en que el presente supone el nexo de todos los *aquís* y de todos los *ahoras* en los que tiende a concentrarse una vida que desea ser plena en el sentido inauténtico —por cortoplacista— de lo que significa plenitud. Eso es lo que representa el cuerpo con todos los deseos que doblegan al hombre a la satisfacción inmediata. Esto es lo que representa el ámbito de la sensibilidad y su cerrazón al pensar que exige meditación y sosiego. Esto es lo que representa la animalidad deyectada al puro e instantáneo servicio a sus instintos sin hacerse cargo del *cursum* y su trayecto. El animal vive *en el ahora,* es decir, *sin problema,* sostiene Gehlen.

---

[16]   «Solo si consideramos al hombre desde el punto de vista de su *telos* —no desde lo que es, sino desde lo que aspira a ser— se hace justicia a lo que significa ser hombre».

Pero el hombre, recuerda el antropólogo, «al que el hambre futura ya le da hambre (Hobbes)» no tiene tiempo, por eso conoce el tiempo[17].

Creo que nunca insistiremos lo suficiente en cómo el marcaje tecnológico de la aceleración al que queda sometida la existencia acorta los tiempos y coarta la temporalidad e *instantaneiza* todo continuo perdiendo el fundamento de lo *ya sido* que da consistencia e impidiendo el horizonte de lo *por ser* que aporta perspectiva. Este es el mundo sin sentido que el ser humano está construyendo, el mundo sin sentido al que le lleva el sistema del capitalismo con esa concepción del progreso imparable antes apuntada en la que quedan como anillo al dedo algunas derivas científicas y filosóficas de nuestro tiempo, como es el caso de las neurociencias cuya crisis filosófica apunta decididamente a una drástica reducción del concepto de experiencia por esa incompleta y esclerotizada concepción presentista que enseguida discutiremos. Por acabar el capítulo como empezó, volvamos a Bonhoffer: ante la actitud libre de la fe que decide hacer del cada día un afán sin medida y la opción servil de centrarse en el presente de modo irresponsable e irreflexivo porque no queda otra, «nos queda el estrecho —y en ocasiones a penas visible— camino de aceptar cada día como si fuese el último, pero vivirlo con fe y responsabilidad, como si tuviese un gran futuro, como dice el profeta Jeremías: todavía se comprarán en esta tierra casas, heredades y viñas»[18].

> El porvenir es representado por la cibernética como aquello que adviene al ser humano. Tú mismo dices que la futurología siempre solo tiene que ver con un presente prolongado —lo cual sería sin duda contrario de aquello que nos adviene. (Discurso de Arendt en conmemoración de los 80 años de Heidegger).

---

[17] Cfr. GEHLEN, *El hombre. Su naturaleza y su lugar en el mundo,* p. 58. Agradezco la sugerencia de la cita al profesor Luca Valera.

[18] D. BONHOEFFER, *Resistencia y sumisión,* p. 27.

III

EL PRESENTE REDUCIDO.
CRÍTICA DE LAS NEUROCIENCIAS

La experiencia humana es expresión de la integridad del ser humano. Tenemos cuerpo y pensamos. Tenemos heridas y sufrimos. Somos testigos de acontecimientos dichosos y nos alegramos. Por otro lado, sentimos angustia y ese temple de ánimo repercute en importantes funciones orgánicas. Estamos ononados o nerviosos y apenas tenemos ganas de comer. Un fuerte desequilibrio hormonal en la tiroides puede causar períodos intensos de labilidad emocional. Determinados procesos neuróticos de ansiedad alteran algunos parámetros que nada tienen que ver con el orden psíquico, como puede verse en una analítica rutinaria. Y así tantos ejemplos que nos ponen sobre la pista de que somos un todo sistémico, orgánico, unitario. Sea como sea el modo de conexión, resuélvase como se quiera la *glándula pineal* de la interacción cuerpo-espíritu, somos un *todo*.

Las tendencias espiritualistas y materialistas, en sus diversas nomenclaturas históricas, parecen doblegar el sentido común de nuestro yo con permanentes abordajes reductivos. Las primeras, porque al tomar el propio hecho de pensar como único bastión indubitable frente a todo lo contingente, siguiendo la genialidad de Descartes, ofrecen una certeza incólume a costa de una verdad que termina siendo irrecuperable en sus versiones solipsistas. Las otras, porque con el objetivo de explicitar la trazabilidad de los acontecimientos mentales de orden teórico, estimativo o práctico, acaban naturalizando la conciencia en una desontologización de la misma que termina redundando en una desconsideración de lo específico de la persona humana.

A Husserl le interesa debatir con esta segunda tendencia que atenta contra la unidad del hombre. ¿Por qué? Porque en el s. XX comenzaba a instalarse el máximo peligro para la posibilidad de la filosofía: considerar que su estatuto de cientificidad estaba puesto en cuestión desde el momento en el que lo que había de saberse, y el modo como había de saberse, estaba ya perfectamente diseñado por las ciencias naturales y su apabullante éxito. Así pues, si la conciencia puede explicarse como un hecho más de ese ámbito de los *Tatsachen*, con sus mismos métodos y rudimentos, con el principio de causalidad como modelo de explicación científica, no habrá lugar para justificar la singularidad y genuinidad de lo humano[19]. Los sujetos no pueden disolverse en ser naturaleza —había sostenido el fundador de la fenomenología— ya que entonces faltaría lo que da sentido a la naturaleza. La tendencia omniexplicativa del cientificismo es decididamente repelente a cualquier intento de comprensión unitaria del hombre y, por tanto, a cualquier posibilidad de restaurar la idea de filosofía como *scientia omnium rerum* precisamente por negarse a entender la relevancia trascendental de todo modo de superación de la perspectiva de los puros hechos. La tesis que se sostiene aquí es que, independientemente de lo novedoso de las tendencias neurocientíficas que Husserl no pudo siquiera atisbar, tanto en el análisis de sus presupuestos como en el de sus consecuencias, puede todavía servirnos el análisis del filósofo moravo. ¿No siguen latiendo presupuestos naturalistas detrás de determinados enfoques neurocientíficos?

Naturalizar la conciencia es reducir su inmensa capacidad horizóntica, su constitutiva dimensión mistérica, su determinante facultad constitutiva y donadora de sentido al mundo. Detrás, pues, de toda tendencia naturalista hay un intento reduccionista que obvia tener que reflexionar, por ejemplo,

---

[19]   J. M. SCHAEFFER, *El fin de la excepción humana*, p. 13, ha explicado a este respecto que Husserl es el último gran representante de la *excepción humana* consistente en que el ser humano tiene la especificidad de poder trascender su propia naturalidad, lo cual parece que es una rémora de la dualidad cartesiana entre «naturaleza» y «espíritu». Se trata, en definitiva, de un antinaturalismo que se mantiene como tesis común en sus obras desde *Investigaciones Lógicas*, *La filosofía como ciencia estricta* o *La crisis de las ciencias europeas*.

sobre los límites de las intervenciones tecnológicas, sobre la unidad de la persona como fundamento, en definitiva, sobre el sentido de la existencia y de la experiencia plenamente humana[20]. Y, por tanto, un decidido atentado a la *sede de la verdad* cuya relevancia fenomenológica no consiste solo en saber qué es esto de la verdad, sino cómo puede ser vivida.

Pero, además, el naturalismo, creyendo acudir a un tipo de experiencia originaria y fundante, termina por no asumir que la ciencia (también la ciencia natural y, evidentemente, las disciplinas neurocientíficas en sentido lato) emerge en un ámbito constituido de sentido, en un horizonte de sedimentos que exceden el tipo de aproximación unilateralmente empírica. De modo que no es exacto decir que toda teoría tenga un fundamento material, una base empírica a la que deba remitirse para encontrar su justificación, sino más bien llegar a descubrir que tanto las teorías como sus colecciones de datos verificables, así como sus protocolos de trabajo investigador, están, a su vez, fundados. Están siempre anclados en formaciones de sentido, en génesis históricamente constituidas que, como mínimo, advierten de que lo originario no es exactamente lo considerado como lo puramente empírico. De hecho, multitud de protocolos de experimentación se basan en conceptos extraídos de la psicología popular, de la actitud natural o de otras tradiciones filosóficas lo cual provoca que el diseño experimental no pueda resultar tan exacta y empíricamente testado como piensan los propios investigadores.

Está pues, en discusión, el concepto de experiencia porque, según lo explica Lacoste, nuestra experiencia trasciende siempre su *fenomenicidad presente*[21]. Y esta es la clave. Por ello, en nuestra opinión, acontece aquí un reduccionismo de lo empírico en los dos posibles sentidos (objetivo

---

[20] La famosa conferencia de Husserl de 1931, *Phenomenologie und Anthropologie* mantiene como tesis general esta misma idea consistente en rechazar toda perspectiva filosófica que tienda a naturalizar la experiencia humana. Este programa de naturalización radical de la conciencia como otra de las operaciones del cerebro y en concreto, como resultado de la combinación de las aptitudes computacionales de las regiones superiores del cerebro que se ocupan de las últimas etapas del procesamiento de la información, es mantenida por Dennet, E. KANDEL, *En busca de la memoria. El nacimiento de una nueva ciencia de la mente*, p. 436.

[21] Y. LACOSTE, *La fenomenicidad de Dios,* p. 37.

y subjetivo) del genitivo. Por un lado, se presenta un reduccionismo que va parejo al estricto punto de vista empírico tendente a la acumulación de observaciones y a la colección de datos que fortalecen una determinada noción de objetividad consistente en abrirse a los hechos estrictos. Por otro, se asume implícitamente una reducción de lo que significa lo empírico al advertir cómo se aclara la complejidad constitutiva de la experiencia humana en cuanto se desvelan los mecanismos neuronales a los que se remonta. «La conciencia es un fenómeno físico, biológico, como el metabolismo, la reproducción o la autorreparación, de un ingenio exquisito en su funcionamiento, pero no milagroso, ni siquiera misterioso»[22].

Sin embargo, la fenomenología nos advierte de que la experiencia filosófica capital es la experiencia vivida, la experiencia en la que la conciencia se encuentra dando sentido al mundo en el que ella misma ya está instalada mediante su cuerpo. El ser humano es cuerpo y piensa como cuerpo que es. El cuerpo es el que vive el mundo y por medio del que se constituye toda experiencia que es siempre experiencia mundana. Es la perspectiva de la experiencia humana como experiencia in-corporada la que reclama un abordaje mucho más amplio que cualquier reduccionismo cientificista. Además de que el cuerpo sea un objeto más de la naturaleza en cuanto *Körper* y, por tanto, en cuanto contenido de actos intencionales, el cuerpo, como cuerpo vivo (*Leib*), tiene funciones constituyentes: por medio de él accedemos al mundo, a las cosas y a los otros. La experiencia humana que es relevante para la fenomenología, entonces, es una experiencia de profunda integridad entre la conciencia y el cuerpo, entre mi yo y los otros, entre hombre y mundo. Y la cuestión es ver si esa experiencia global, esa vitalidad trascendental, es asumida y respetada por las derivas antropotécnicas actuales, o si algunos de sus planteamientos asumen una ontología parcial que resume la complejidad del ser humano en un mero conjunto de *hechos* con el consiguiente sesgo de toda teoría resultante, de modo que ni el concepto de experiencia humana ni el de persona quedan salvados.

---

[22] D. DENNET, *Dulces sueños. Obstáculos filosóficos para una ciencia de la conciencia*, p. 75.

Searle y Nagel habían atribuido a la conciencia las características de unidad y de subjetividad. La conciencia está determinada por un conjunto discreto de procesos biológicos a los que se puede acceder por medio del análisis científico, pero la totalidad de la conciencia es más que la suma de sus partes, venían a asumir estos filósofos. La conciencia es, pues, de una complejidad muy superior a la pretendida simplificación de algunas perspectivas neurocientíficas. En definitiva, se trata de aceptar el progreso de las ciencias en la trazabilidad de la experiencia a los eventos cognitivos y mentales y, a la vez, la inexplicabilidad de la experiencia humana en la sola posibilidad de remisión, como pretende todo naturalismo. ¿No habrá, entonces, que conformarse con asumir la irreductibilidad de la experiencia subjetiva a los datos de la neurociencia sin que esto implique obviar los avances tan prometedores de estas ciencias?

Que las neurociencias y otras ciencias cognitivas tengan como objetivo la descripción de los procesos de conocimiento y la explicación del funcionamiento de la mente, no supone una afrenta a la filosofía. Explicitar los procesos internos del pensar desde parámetros empíricos vinculados a las investigaciones sobre el funcionamiento de las sinapsis neuronales, o la explicitación de cómo se activan determinadas áreas cerebrales dependiendo de la índole de las operaciones conscientes concretas o de vivencias distintas, resulta ser una evidente manifestación del progreso de las ciencias. ¿Dónde reside el problema crítico para la fenomenología? En el mismo estatuto de cientificidad de estas ciencias y en cómo el abordaje metodológico sobre la conciencia resulta sesgado al tener como objetivo la disolución de los grandes problemas existenciales. El riesgo de la libertad, la vivencia de la emoción, el desbordamiento del amor, o el sufrimiento angustioso tienen un recorrido neurológico que puede ser descrito. Y así, para determinados presupuestos neurocientíficos, los grandes abismos de la experiencia humana, al ser abordados con el rigor del método empírico de las ciencias naturales, resultarán definitivamente aclarados y disminuidos en sus pretensiones místericas. ¿Describir y, en caso de afección, poder intervenir quirúrgica o farmacológicamente, significa disolver? ¿Acaso no hay un error metafísico aquí acerca de lo que significa el ser personal del hombre? Husserl, de hecho, ya había aclarado que la esencia del naturalismo era la consideración de la naturaleza como unidad del ser espacio-temporal conforme a leyes naturales exactas. El naturalismo —sostiene el filósofo— tiende a tratarlo todo como naturaleza falseando el sentido de todo dominio que se resiste a este tipo de abordaje. Se dan, pues, dos estrategias reductivas: una primera que tiene que ver con el contenido, al considerar explicada la conciencia exactamente cuando se muestran las complejas redes neuronales del cerebro como órgano responsable de toda experiencia cognoscitiva. Y una segunda relativa, como venimos diciendo, a la estrategia metodológica de abordaje del problema de la conciencia y de la racionalidad considerada como uno de tantos hechos que explicar mediante el arsenal científico. Si la primera reduce el campo de la experiencia de la conciencia a los puros actos conscientes, fundamental-mente de tipo gnoseológico, la segunda anula la especificidad de lo humano precisamente por el monismo ontológico que se profesa. De modo que, en realidad, el problema del naturalismo es un problema epistemológico (acerca de cómo se debe conocer y en relación a qué sea el conocimiento) y metafísico (relativo a cómo la realidad está compuesta sólo por ese tipo de entidades accesibles a los métodos científicos).

Desde este cientificismo se pierde de vista la integridad de la experiencia humana. Y se pierde porque se extrapola como dato con sentido completo una determinada observación por neuroimagen, o el resultado de una deter-minada prueba. ¿Vamos acaso a negar, por ejemplo, que la producción del lenguaje tiene que ver con la activación de la sección del cerebro en cuyo lóbulo temporal se encuentran las áreas de Broca y Wernicke? En todo caso, habrá que insistir en que el lenguaje determina y constituye toda una experiencia lingüística cuya verdad no queda del todo explicada por esta tendencia naturalizadora. En la propia experiencia del lenguaje resultan amalgamadas y estructuralmente interrelacionadas y superpuestas no sólo las actividades conscientes del individuo consistentes en hablar, nombrar o expresarse, sino toda una compleja red de experiencias vividas, de hábi-tos adquiridos, de convenciones sociales… que entran dentro de lo que Husserl denominó las síntesis pasivas determinadas por la génesis de la conciencia. Aristóteles, de alguna manera, ya había avanzado que la expe-riencia de producción de significados debía atender no sólo a un proceso puramente interno del sujeto, sino a toda una experiencia hermenéutica que debía integrar facultades individuales, aspectos convencionales, así como una evidente garantía de intersubjetividad para que todo *legein* fuera un *semainein*. Que la facultad para el uso del lenguaje con sentido, para la expresión y para la comunicación, esté situada y concretada en una zona de nuestro organismo sólo habla a favor de la tesis de la integridad del ser humano. Por eso, esta experiencia del lenguaje, profundamente humana, responsable de nuestra apertura al mundo y a los otros, conformadora de nuestras más profundas convicciones y valores, tejedora de la convivencia y del acuerdo, tiene su base material y corporal en la sección cerebral que origina la posibilidad del lenguaje. Esa es su condición necesaria, su condición de posibilidad orgánica, si se quiere. Ahora bien, la experiencia vivida del lenguaje no queda explicada por mucha perfección que tengan las técnicas de neuroimagen, ni por una computarización en tiempo real del proceso del habla. Cualquier análisis de la experiencia humana, como esta del lenguaje, necesita entenderse desde una idea integral del ser humano. La experiencia del lenguaje es tan solo una muestra de lo decisivo que es el abordaje neurológico y neuropsicológico del problema (precisamente por contribuir a una rehabilitación más eficaz en el caso de accidentes cerebrovasculares que comprometan la facultad del lenguaje) sin que esto sea *sólo y todo* lo que hay que decir de este ser que somos cada uno de nosotros y de su horizóntica experiencia de la palabra.

Hacer saber a las neurociencias que trabajan con lo que es la condición necesaria de toda experiencia humana, motivar sus esfuerzos, aplaudir sus logros y evaluar sus progresos, tiene que completarse desde una misión que la filosofía no pude dejar de llevar a cabo: hacerles ver que eso no es condición suficiente, que ahí no hay sólo un órgano y su multiplicidad de operaciones, un instrumento y sus funciones, sino el ámbito en el que la verdad es vivida, la profundidad de la existencia experimentada y la libertad querida. Y eso no hay metodología empírica que pueda intentar agotarlo en una fórmula, en una imagen, en un diagnóstico. En realidad, así quedaba planteado el llamado *hard problem* de la conciencia, en palabras de Varela, consistente en la imposibilidad de explicar los rendimientos fenomenológicos a partir de los datos neurales. En suma, las ciencias tienen la primera palabra, pero no la última. Pongamos otro ejemplo. En el ámbito psíquico, hace tiempo que los fármacos con principios activos como la fluoxetina, la paroxetina, el escitalopram o la sertralina, por nombrar solo algunos, se pautaron para intervenir sobre los procesos de recaptación de la serotonina, de la noradrenalina y de la dopamina, asumida la relevancia psiquiátrica de la *hipótesis monoaminérgica*. De esta manera, mantener los niveles adecuados de estos neurotransmisores mediante la inhibición de una tendencia en exceso absorbente parecía tener una relación evidente causa-efecto sobre la estabilidad emocional. La química funciona, claro que sí, pero no sólo. Por eso, los propios profesionales constatan la unilateralidad de los trata-mientos fundamentalmente farmacológicos si no se completan con terapias psicológico-conductuales que traten de re-semantizar aquellos ámbitos vitales que parecen haber quedado sin sentido. Es más, nuevas investiga-ciones sobre la intervención de esos fármacos en la neuroplasticidad del cerebro sugieren la decidida importancia del ambiente y del contexto en el aumento de su efectividad sobre la existencia personal, rebasando así el puro abordaje químico.

En definitiva, cualquier ejemplo es suficiente para sostener la integridad de la persona desde la unidad de la experiencia humana. Y precisamente, porque todo acto consciente es un modo de «*tener conciencia de*», cualquier tratamiento pretendidamente objetivo desde la perspectiva cientificista deja fuera la significación, la apertura intencional de la conciencia al mundo (no sólo al mundo circundante de las cosas, sino a todo el conglomerado de sentidos constituidos por la vida en común con otros), así como todo lo que la experiencia humana tiene de realización personal. «Lo que no compren-demos es el problema insoslayable que plantea la conciencia: el misterio de cómo la actividad neural origina la experiencia subjetiva»[23].

Poco más arriba mencionábamos el reduccionismo en cuanto al con-tenido, como si la mente no fuera más que una especie de haz de procesos conscientes especialmente representacionales, es decir, fundamentalmente vinculados por su relación con el *afuera de la conciencia*. De ser solo así, tendríamos la misión singular de perfeccionar técnicas de instrospección

---

[23] KANDEL, 2007, p. 440.

cuantitativas, medibles y objetivables. Sin embargo, aun aceptando esta primera reducción de la mente a su potencia epistémica, sería fácil darse cuenta de la competencia parcial del abordaje empírico. Pensemos en los actos de tipo perceptivo, en los más sencillos. La percepción no sólo enfrenta al hombre con el mundo desde la inmediatez sensible más básica, sino que ya está incorporando de alguna manera el tiempo y con él, la experiencia vivida. Percibo el ordenador en el que escribo y puedo anticipar cuál será la percepción de este objeto si lo cierro, si lo pongo de lado, o si soy yo mismo el que se da la vuelta para mirarlo desde otro escorzo. Las percepciones acontecen en la experiencia subjetiva que les da sentido, hasta llegar a contextualizar cada una de ellas en toda una ristra de observaciones que hacen significativo el mundo, no sólo por la experiencia retenida (experiencia pasada) sino por la experiencia *protenida,* por la expectativa. Efectivamente, los actos conscientes no ocurren en un ahora puro, en un presente del todo nuevo. Cada ahora consciente, cada vivencia, acoge la *prehistoria* de otros *ahoras* ya acontecidos y la perspectiva de los *ahoras* todavía por venir. En definitiva, en palabras de Damasio «el presente no está nunca aquí. Llegamos siempre tarde a la consciencia»[24]. Investigar con altas técnicas el sencillo hecho mental de la percepción ofrecerá múltiples datos interesantes para las neurociencias, sobre todo para el diagnóstico de determinadas afecciones, pero no podrá entrometerse en qué significa que el acto perceptivo puntual constituya y, a la vez, sea constituido por la experiencia perceptiva, en cuanto experiencia histórica, como experiencia de dotación de sentido al mundo[25]. El orden de la percepción no es un cajón desastre sobre el que se remonta la experiencia sino que esta opera ya sobre sedimentos pasivamente estructurados. Experiencia constituida en la historia no sólo individual, eso sí, sino

---

[24]   A. DAMASIO, *El error de Descartes,* p. 255.

[25]   Además de que, como explicó Husserl en la IV Meditación, en la efectuación de sus actos, el yo desarrolla un estilo constante, con una ininterrumpida unidad de identidad, un *carácter personal.* De modo que cada acto puntual no puede ser ni estudiado ni comprendido en su puro acontecer individual y presente.

intersubjetiva[26] ya que ese acto perceptivo se integra en una formación de sentido colectiva, cultural. La clave de la fenomenología, a este respecto, consiste en hacer ver que toda experiencia humana, siendo subjetiva, no es subjetivista, esto es, que toda experiencia lleva en sí su relevancia trascendental precisamente porque la razón no es una mera facultad fáctica sino una estructura esencial y universal de la subjetividad trascendental, que diría Husserl.

Nuestra experiencia consciente, sea la que sea, tiene mucho de experiencia constituida, y no sólo constituyente. La vida humana es una experiencia instalada en un subsuelo, en un horizonte de sedimentos de sentido, en un *Lebenswelt,* en un amplio campo pre-reflexivo al que estamos referidos desde lo que Husserl en *Ideas II* denomina *intencionalidad operativa (fungierende Intentionalität).* Ya no sólo se trata de la tendencia ínsita de nuestros actos conscientes a *dar de sí* hacia el mundo, a esa intencionalidad de la que no pueden dar razón los presupuestos empiristas del naturalismo, sino a todo un entramado estructural, inconsciente, pasivo, que opera en nosotros como *infraestructura de sentido* en nuestros modos de estar intencionalmente referidos a los contenidos de nuestros actos noéticos. De modo que el sentido no sólo acontece en el noema, como rendimiento intencional de toda *nóesis,* sino que hasta el modo en el que opera la intencionalidad noético noemática está ya constituida por presupuestos de sentido que desbordan, de nuevo, cualquier intento reduccionista[27].

Lo que sucede es que todo esto se complica mucho más si continuamos escalando en los niveles de complejidad de la capacidad representacionista

---

[26]   No podemos entrar en este campo, pero no podemos por menos de señalar cómo el hallazgo neurocientífico de las neuronas espejo fue un reto singular a la comprensión fenomenológica de la intersubjetividad.

[27]   Por eso, la descripción de una actividad, de una praxis concreta, exige investigar la actividad consciente en la medida que se percibe a sí misma desenvolviéndose en un modo operativo e inmanente, a la vez habitual y pre-reflectivo. Es la idea recogida en Depraz acerca de cómo la reflexión cognitiva (cognitive reflection) parte de la conciencia pre-reflectiva (pre-reflective conscience) pre-discursiva, pre-noética, ante-predicativa, tácita, pre-verbal, pre-lógica, o no-conceptual... N. DEPRAZ *et al, On Becoming Aware. A pragmatics of experiencing.*

y, cómo no, si profundizamos en otras misiones extra-epistémicas de la conciencia como es el vasto campo de las emociones, de los sentimientos, de la fantasía… En realidad, esto fue lo que quiso advertir Varela cuando puso en circulación el concepto de *enacción* referido precisamente a un modo cognitivo no representacionista (apoyado simplemente en un modo de procesamiento de información), sino a la manera genuina en la que la conciencia hace emerger tanto la identidad del sujeto como la configuración de su mundo en un *acoplamiento estructural* evolutivamente fraguado. Y así, Varela, Vermensch, Depraz, entre otros, han terminado hablando de neurofenomenología como una prometedora línea de investigación complementaria entre las ciencias cognitivas y la fenomenología. «Neurofenomenología es el nombre que designa la investigación para casar la moderna ciencia cognitiva y un enfoque disciplinado de la experiencia humana, colocándose así en el linaje de la tradición continental de la fenomenología[28].

El hecho de que la complejidad y la amplitud de la experiencia humana no resulte explicada desde el rígido esquema de la teoría del conocimiento (como si toda nuestra experiencia de mundo fuera una manera de explicitar la conexión unidireccional entre el adentro y el afuera, entre lo inmanente y lo trascendente) lleva a la fenomenología a acceder exactamente al momento previo a esa disección epistémica: al ámbito de la vivencia. Recuérdese la fertilidad filosófica de este hallazgo en Franz Brentano. La peculiaridad de los actos psíquicos venía dada por su apodicticidad, situando así la dirección de la filosofía en el acceso a la evidencia de la inmanencia y en el descubrimiento

---

[28]   VARELA, 1996, 330. Una tendencia integradora e interdisciplinar que, por cierto, llevó a esta perspectiva fenomenológica a acudir a otras tradiciones sobre la experiencia humana como la oriental. A este respecto, cfr. TENZEN G., *The universe in a single atom: The convergence of science and spirituality,* New York: Morgan Roads Books. En 1999, Varela y Shear asumieron la necesidad de integrar las cuestiones relativas a la introspección de la psicología con las aportaciones de la fenomenología, fundamentalmente de la reducción, y las tradiciones budistas y védicas. «Phenomenological accounts of the structure of experience and their counterparts in cognitive science relate to each other through reciprocal constraints» F. J. VALERA, «Neurophenomenology: A methodological remedy for the hard problem», *Journal of Consciousness Studies*, 3-4, p. 343. Se trataba de asumir la relevancia científica de la insustancialidad del yo, el final de la idea del yo sólido, centralizado y unitario, tal y como ha sido asumido directamente por las prácticas budistas.

de la bilateralidad de toda vivencia, lo que Brentano denominó la *maravilla de las maravillas:* la íntima correlación entre el acto psíquico y el fenómeno físico al que tiende. Podríamos asumir, de forma muy inicial y sencilla, que la maduración de la fenomenología avanza desde un primer platonismo, que asume la existencia de ámbitos de objetividad e idealidad absoluta, hasta la consideración de que lo importante de la filosofía es el análisis de la índole de los actos conscientes a los que esas ideas llegan a darse, ante los que esas esencias llegan a abrirse. Y que es, precisamente, profundizando en este hallazgo, por lo que se descubre la función constituyente de la conciencia en la dirección noemática de toda vivencia que, a su vez, en cuanto conciencia situada en el mundo, es siempre constituida. En cualquier caso, lo que es decisivo en esta comprensión fenomenológica de la vivencia es cómo la apodicticidad de la inmanencia termina desplazándose del acto psíquico (como habría dispuesto la psicología empírica) al contenido del propio acto, hacia el mundo correlativamente dado y constituido como sentido en la determinación de lo que significa la experiencia subjetiva, no en cuanto experiencia concreta, sino en cuanto experiencia trascendental, en cuanto vitalidad trascendental.

¿Cómo acceder a este ámbito de lo inmanente? La fenomenología de Husserl concentró en la reducción el método adecuado para lograr ese acceso. Se trataba de reconducirse al ámbito del que emana el sentido del mundo para la conciencia[29]. Reducirse no era otra cosa sino quedarse sólo con el rendimiento trascendental del mundo, con lo que significa el mundo para mi vida, con lo que se supone que es, para todo sujeto, tener experiencia del mundo. Y para ello, la fenomenología tenía que estar dispuesta a un cambio de rumbo, a una nueva actitud que, precisamente, permitiera ese acceso a lo originario donde se descubre cómo el mundo está ahí para mí no sólo como un mundo de cosas y objetos sino como un mundo de objetos con valores y bienes, como un mundo práctico. Lo primero y originario no es ya el hecho evidente de cómo la conciencia está abierta al mundo, sino el

---

[29]   «Una redirección del pensamiento, una suspensión, una interrupción de la actitud natural, la cual normalmente no se detiene para acceder a sus propios contenidos», F. VARELA y J. SHEAR, (eds.), «First Person Methodologies: What, why, how?», *Journal of Consciousness Studies*, vol. 6, nn. 2-3, 1999 p. 8.

previo *darse cuenta* de los actos conscientes al que se accede por una actitud alternativa a la del positivismo. La fenomenología avanza investigando, como era de esperar en su proceso de maduración, desde una comprensión del yo como mero haz de vivencias, o incluso como puro recipiente vacío monadológico, a una noción de yo como un complejo de vivencias cuya *inmanencia ingrediente* está referida a una *inmanencia trascendente* que amplía el campo de la evidencia del cogito al *cogitatum*, al sentido, al mundo tal y como es para la conciencia, independientemente de su verificable existencia trascendente. El naturalismo precisamente negaba toda perspectiva trascendental con la evidente consecuencia de la dogmática reducción de la conciencia a la descripción de los actos conscientes mecánicamente considerados.

De alguna manera, se iba poniendo en claro la motivación que Husserl tuvo ya en 1898: la íntima correlación entre conciencia y mundo. Si seguimos esta misma línea reflexiva, quizá podamos advertir que la fenomenología, desde el principio, reclama una concepción completa de lo humano traicionado por cualquier abordaje exclusivamente empírico. Tener experiencia es, de algún modo, tener mundo, vivir el mundo, saberse existiendo en el mundo. La neurofenomenología, en su misma práctica de laboratorio, asume la fertilidad del método fenomenológico tanto de la *epojé* (en la medida en que se suspenden las creencias o las teorías acerca de la experiencia), como de la reducción.

Todo vivir —explica Husserl— es un tomar posición. Tomar posición es saberse vinculado a ideas que pretenden ser normas de validez absoluta de acuerdo a las exigencias de la razón que determina lo que significa una vida vivida en la responsabilidad de la verdad. Pero esto sólo puede acontecer si se asume el valor de las ideas, de las profundas convicciones que han movido a los hombres y a los pueblos a abrirse a ellas, a entregarse a ellas. ¿Se puede, entonces, tergiversar ontológicamente la idea en hecho? ¿No forma parte de una exigua posición metafísica la comprensión de que la realidad es una amalgama de hechos? ¿No son acaso las ideas parte de la realidad? ¿No forman parte de lo real aquellas convicciones que hacen avanzar a los hombres hacia lo potencial asumiendo el primado fenomenológico de la posibilidad sobre la realidad? A esto es a lo que no puede negarse la filosofía: al trabajo trascendental que ofrece la posibilidad de investigar lo que vale para todo hombre, para toda comprensión de la experiencia subjetiva. Toda experiencia individual del hombre concreto, situado en un momento específico y anclado en una historia concreta, está en el orden trascendental, esto es, en el orden de lo que puede valer para toda otra experiencia. Desde ese punto de vista, lo trascendental abandona, por decirlo así, su estatus monadológico absoluto y *residual* (propio de la comprensión idealista de la conciencia), para concebirse como intersubjetividad, como un nosotros cuyas estructuras de producción de sentido (todo el ámbito de lo espiritual) implican el reconocimiento recíproco y empático. Entonces, ¿en realidad el naturalismo neurocientífico no termina socavando el mismo concepto de vivencia? Y sin la peculiaridad de la vivencia, ¿dónde encontrará el ser humano el sentido de su vida como ser concreto y de la humanidad como proyecto colectivo?

La perspectiva fenomenológica, en mi opinión, contribuye a asumir la garantía del progreso de las ciencias sin perder de vista el peligro del cientificismo que es, sin duda, el peligro de un racionalismo en bancarrota que se ha extraviado. Y esto ya no es teoría. Husserl escribe en la Europa de entreguerras, en pleno surgimiento del nazismo, en la época de la desolación existencial provocada por un modo de entender el mundo y de entenderse a sí mismo que había renunciado a la tarea infinita que se le pone por delante a la razón. Justo a esa tarea infinita le va más la *horizontidad* de la razón que la esclerotización del racionalismo de la que hoy participan, en mi opinión, determinadas orientaciones de las neurociencias. Y es que las ciencias positivas están fundadas en una racionalidad relativa, unilateral que deja presente su necesario reverso: una plena irracionalidad.

Con todo, hay una innegable verdad en el naturalismo que debería motivar una relación recíproca con la fenomenología desde lo que nos parece que puede constituir un doble camino complementario que ha de ser explorado. En primer lugar, se trata de saber hasta qué punto algunos aspectos de la experiencia subjetiva, tal y como han sido descritos por la fenomenología, tienen base empírica y neurocientífica reconociendo así el valor innegable de los progresos científicos con imponentes avances en lo que significa la detección precoz de enfermedades neurológicas, el trazado terapéutico de determinadas afecciones o la investigación farmacológica.

Sin duda, la experiencia trascendental, en cuanto está fundada en la experiencia real y concreta de la conciencia, debería contar con la contribución de las neurociencias que, quizá, en algunos casos pueda servir incluso de criterio de corrección a posibles excesos de los análisis fenomenológicos. Y, en segundo lugar, se trata de insistir en que hay toda una tradición fenomenológica que, en palabras de Zahavi, probablemente ya ha ofrecido aportaciones muy relevantes que la investigación neurocientífica debe tener en cuenta y que terminan siendo decisivas para el necesario abordaje integral de la experiencia humana.

El terreno de la conciencia, reservado casi exclusivamente al ámbito de la filosofía, ha comenzado a ser explorado por todo el campo de las ciencias cognitivas con aportaciones muy decisivas y fundamentales que, insistimos en ello, deben reconocer que no nacen en vacío, que hay toda una historia de pensamiento cuyas reflexiones centenarias deben ser asumidas. La fenomenología, en suma, ha llegado a la conciencia mediante la exploración de las vivencias cuyo tratamiento fenodinámico debe complementarse, desde aspectos neurodinámicos, con los datos neurofisiológicos complejos[30]. El trabajo compartido e interdisciplinar (fenomenología, filosofía de la mente, neurología, psicoanálisis, psicoterapia…) es, pues, ahora más que nunca, una exigencia de honestidad intelectual.

---

[30] S. ORDÓÑEZ, «La experiencia subjetiva en la investigación de la neurociencia cognitiva. El caso de la neurofenomenología», *Open Insight*, Volumen VI, n.º 10, 2015, p. 138.

IV
EL PASADO REDIMIDO.
EL *TODAVÍA* DEL PERDÓN

El pasado fue. El presente es. El futuro será. Estas afirmaciones, que reflejan una primera aproximación al problema del tiempo de la existencia, no soportan siquiera el roce de la experiencia real. El pasado nunca se va del todo. El presente está fijado en él y sostenido por él y, demasiadas veces, anclado en él. Del mismo modo, el futuro no es sólo mañana, sino que el hoy contiene esa tensión a lo *por ser* en la que vamos a insistir en las páginas que siguen. La mayor parte de las neurosis que tanto hacen sufrir al ser humano tienen que ver, precisamente, con una deficitaria vivencia de estos éxtasis temporales. Para comenzar, podríamos asumir que el pasado demasiado presente genera estados anímicos depresivos hasta llegar a una melancolía incapacitante. El futuro excesivamente *ahorado* aboca al ser humano a experiencias afectivas angustiosas con repercusiones anímicas ansiosas. Cuanto más horadado está el presente, podríamos sostener —así para empezar— más infeliz es el existir humano o, quizá mejor, menos dichoso es el percibirse existiendo del hombre. Que esto sea así, que en verdad el drama del existir consista en perder de vista el presente, no es óbice, más bien al contrario, para seguir pensando que el tipo de presente de nuestra existencia (que no ha de resultar colonizado por los otros éxtasis temporales) adquiere su sentido pleno en su manera de vivirse desbordando el puro presente precisamente en su modo de excederse. Todo presente del existir humano, como venimos sosteniendo, rebosa el tiempo del estricto presente.

Detengámonos de todos modos en el pasado y descubramos si ahí también hay una tensión existencial donadora de sentido hacia el futuro. De otra manera, no podríamos seguir sosteniendo esa dimensión *fontal* del futuro sobre el tiempo del existir humano. «El perdón traslada el fundamento existencial del (viejo) ser del pasado al futuro»[31]. Cuando el peso del pasado de dolor y de sufrimiento, de error y de pecado se imponen como una losa sobre la conciencia, la única redención parece residir en el futuro. ¿Qué duele del pasado? La manera en la que la memoria convierte el *haber sido* en una constante carga para el ahora. El pasado no puede cambiarse. Lo sido ya fue. Es la vivencia del pasado, sin duda, la que lo hace insoportable precisamente en su no poder vivirlo como sido y acabado y hacerlo, sin embargo, en su *poder haber sido*. Este modo de pensar lo que podría haber sucedido y no fue, este modo de conjugar la vida en el condicional de un pluscuamperfecto de subjuntivo (si hubiera hecho... si no hubiera...) genera la conciencia que fustiga a cada uno haciéndolo eso, un *torturador de sí mismo* (*heautontimoroumenos*), al que genialmente se refiere Schopenhauer y tantos otros.

El pasado vuelve a nosotros en la medida en que queramos y sólo hasta donde le dejemos entrar. Por eso se supone que la manera de no poder quitárselo de encima termina siendo una patología. Sólo sana aquello que se integra: que no es que no vuelva, sino que vuelve en el tiempo y en la medida del vivir, es decir, del tener que existir. El *torturador de sí mismo,* el *enemigo de sí mismo,* no se perdona seguir viviendo. Y su penitencia consiste en cargar sobre sus lomos el peso de lo que fue en su *no tener que haber sido*.

> En la vanidad de hablar sin cesar de nosotros mismos, nada cambia el que nos acusemos o nos justifiquemos; lo único que hacemos es convertirnos en nuestros propios jueces. Nos hacemos más estériles, verdugos de nosotros mismos. El heautontimoroumenos de Baudelaire no es sino un Narciso afligido, cosa que, por lo demás, es todo Narciso.[32]

---

[31] ZIZIOULAS, *Teología en perspectiva escatológica. El futuro siempre presente*, p. 335.
[32] J. L. CHRÉTIEN, *La mirada del amor,* p. 13.

El *heautontimoroumenos* sólo contempla un futuro: el imposible haber de ser del pasado en lo que fue *el curso errático del laberinto de la vida,* en palabras de Goethe, pero no el futuro que importa y que redime: el futuro de la trayectoria de la existencia. Ahora bien, el pasado exige sus derechos, como sostiene genialmente Benjamin en *Sobre el concepto de historia,* y el derecho fundamental es el de redención. Por ello, y quizá estirando lo que quiso decir Walter Benjamin bastante más allá de lo esperado, quisiera dar un paso más para que pensáramos este modo de redención que reclama el pasado al presente desde la comprensión del perdón en el que, según intentaré mostrar, se produce la abertura del pasado al futuro. No se trata de hacer una fenomenología del perdón, como, por cierto, han ofrecido magistralmente Derrida y Ricoeur, sino de presentar, casi al modo de tentativas, algunas aportaciones que muestran que la verdad del perdón reside en su ser vivido en un ahora que quiere incidir sobre un contenido sito en el pasado. En definitiva, como siendo una acción, esta de perdonar, que adquiere su sentido completo en su dimensión excedente, en el futuro.

El perdón tiene la capacidad de *entreparentesizar* lo sucedido para adormilar el mal acontecido (pena, ofensa o deuda) y reparar el daño. La remisión de la pena, la restitución de la ofensa o el saldo de la deuda[33] son efectos del perdón que contienen una vertebración temporal y, en el fondo, una reversión del tiempo histórico que permite una vivencia que purifica lo sido en función de lo por ser. El tiempo del perdón contiene, pues, esa genuina revisión del pasado motivado por el *tener que vivir,* por el futuro del existir mismo. El tiempo del perdón radica en la doble perspectiva del perdón *de* y *para.* De modo que asume, de una cierta manera, el pasado urgido por el futuro de lo que se quiere conseguir. Por ello, creo que para entender bien la dosis de futuro que explica la autenticidad de una acción deliberada como la del perdón, tenemos que entenderlo desde la otra ladera, la del rencor: aquella actitud que no puede ni desea digerir el pasado, aceptando

---

[33] Es precisamente en el concepto de deuda en el que Ricoeur entiende la carga del pasado que recae en el futuro.

que esa imborrable huella que ha dejado la vivencia del ayer condicionará decididamente el mañana que será perpetuado en el dolor del *por siempre*.

El perdón es la capacidad de vivir el pasado de daño, culpa o responsabilidad en el modo de cancelación de sus pretensiones de ser permanente. El perdón es el dique existencial del rencor que, mientras tanto, se las prometía muy felices en su intento de revivir el daño infligido en un sufrimiento multiplicado que ni esperaba consuelo ni lo quería. Perdón y rencor son, entonces, modos distintos de vivencia del tiempo pasado. Intentaré aproximarme a la delimitación que existe entre el perdón y el rencor de acuerdo a dos líneas argumentales: el papel que juega la memoria y el olvido en cada una de ellas, en primer lugar, y la repercusión que tienen en sus destinatarios, en un segundo momento.

Vayamos a la primera de las perspectivas relativa a la memoria y al olvido. El perdón centrifuga la memoria para que el recuerdo del daño *pueda ser* borrado o, al menos, *pueda vivirse* como borrado. La memoria puede que, en efecto, aun procurando olvidarlo, no lo olvide del todo, pero quiere recordarlo como olvidado o, incluso, tiene la voluntad de olvidarlo, aunque se trate de algo, quizá, inolvidable. El rencor, por su parte, doblega a la memoria a un recuerdo constante que, por repetido y repetitivo, es aderezado y trastocado sin que importe, en absoluto, el grado de fidelidad al hecho acontecido. En el rencor se presenta, en muchas ocasiones, lo que Ricoeur denominaría el abuso de la memoria que afecta a los individuos pero que, en especial, contribuye a trastornar la identidad de los pueblos constituyendo el vínculo entre memoria, historia y violencia[34]. El rencor es un modo de abuso de la memoria por la manipulación que supone del recuerdo mediante la selección que construye el relato. El rencor se vive como una experiencia de reduplicación del daño: por lo sucedido en sí, y por el recuerdo que multiplica los efectos de lo sucedido. En los libros sapienciales del Antiguo Testamento, en concreto en los salmos, se explica

---

[34] Ricoeur habla de tres tipos de abusos de la memoria natura: la memoria impedida, en el ámbito patológico-terapéutico, la memoria manipulada en sentido práctico y la memoria obligada en el nivel ético-político. Cfr. P. Ricoeur; *La memoria, la historia, el olvido,* pp. 9-124. A estos niveles de abusos de memoria, le corresponden tres modos de olvido, pp. 568-582.

bien por qué Yahvé es misericordioso. El Dios de Jacob es modelo de perdón porque «no lleva cuentas del mal». Israel vive la experiencia de que el perdón procede precisamente de esa manera de no apuntar el delito. Quien no lleva la contabilidad de todo lo que le han hecho, de todo por lo que ha sufrido, de todo aquel daño que le han infligido, está promoviendo un modo de vida que, a pesar de todo, relativiza el mal en función del bien. No significa esto no plantarle cara al mal radical o desconocer su potencia destructiva. Significa que ahí, hasta en lo imperdonable —como sostendría Derrida— se hace verdad el perdón que procura olvidar, insisto, hasta lo inolvidable. El futuro del *tener que ser* es suficiente para motivar el perdón y para urgir el olvido[35]. Quien provoca conscientemente este borrado sabe que es mejor dejar todo el espacio libre para el bien, para el mañana, para la felicidad. Quien olvida no anula el daño ni maquilla sus cicatrices. Simplemente sabe que las tiene, advierte las huellas dejadas. Ahí están. Lo único es que el relato de su vida no queda imbuido de sus propias heridas. Porque, cuando no es así, cuando toma el daño el papel protagonista y catalizador de todo lo demás, el herido nunca deja de serlo y, por tanto, las heridas no dejan de supurar y hacerle consciente de una vulnerabilidad sobrevenida y de un daño con vocación de perpetuidad.

Llevar al dedillo todo el daño termina por no distinguir entre lo sucedido y su contraparte subjetiva. Acaba por no diferenciar entre lo que nos han hecho y cómo nos lo hemos tomado nosotros. Esta distinción no es inocente. Es cierto que el sufrimiento individual contiene una verdad tan rotunda como incuestionable. Mi sufrimiento es. Sin más. La verdad del sufrimiento personal no tiene por qué estar auspiciada por la densidad de lo ocurrido. La verdad del sufrimiento personal, en suma, no necesita justificarse ni validarse con nada. Pues bien, a pesar de la certeza del sufrimiento vivido, el rencor nunca repara en la diferencia de planos, entre el hecho y la vivencia del mismo. Cuando esto sucede, cuando, por ejemplo, no parece

---

[35] «La aspiración más eminente de la vida ascética reside en la purificación del recuerdo del mal, en el completo olvido de todo mal o agravio (…) El recuerdo del mal infligido al semejante es el intento —a través de la memoria— de dar hipóstasis al mal, que desde un punto de vista ontológico carece de hipóstasis; he ahí el no ser». ZIZIOULAS, p. 257.

que el hecho *sea para tanto,* el que lo sufre motiva su rencor estableciendo mecanismos de sospecha sobre las intenciones del otro, ya que no puede sustentarlo en ningún otro aspecto. El perdón, aquí, es más complejo y, a la vez, mucho más sencillo. La complejidad lo es por la imposibilidad de objetivar aquello que provoca el sufrimiento. La sencillez, porque sólo del que perdona depende que el perdón sea. En suma, es fácil olvidar porque no hay nada (sustancial) exterior ni nada real que soportar y sobre lo que *pasar página.* Es difícil perdonar, sin embargo, porque el que sufre no encuentra nada concreto cuya nimiedad objetivamente pudiera incitarle a facilitar el olvido de lo sucedido. El rencor que hace pie en las intenciones del otro, en definitiva, tiene más complicado el camino de conversión al perdón.

Ahora bien, este olvido que definimos como constitutivo del perdón parece apuntar a un cierto destino injusto o sublimación cobarde de la debida justicia. Si al final el delito se olvida, ¿cómo se reparará? Si la misericordia *llega a todos,* ¿qué importa ser víctima o verdugo? Si nadie va a sobreponerse al olvido, ¿quién sostendrá la memoria de la víctima por encima del ineludible paso del tiempo? No es el tema, pero, la clave está en que el olvido del que se habla aquí no tiene que ver nada con la compensación justa debida a la víctima, ni mucho menos con la reparación que se le debe por altura y dignidad moral a quienes, como dice Horkheimer, *atravesaron infiernos de padecimiento y de opresión,* ni tampoco tiene relación con la memoria debida de la historia que críticamente ofrece su renuncia al silencio de los últimos y de los débiles, al *muteado* obligado de aquellos a los que nadie les dio la palabra, al ninguneo de aquellos para quienes quedó truncada toda esperanza. No nos referimos, pues, a ese olvido evasivo que lleva a cabo tanto el perdón complaciente como el perdón indulgente para con la memoria de las víctimas y la búsqueda de la impunidad, que diría Ricoeur.

> «Si es cierto que debe hacerse justicia, bajo la pena de que se consagre la impunidad de los culpables, el perdón no puede más que refugiarse en gestos incapaces de transformarse en instituciones».[36]

---

[36] RICOEUR, p. 586.

El olvido al que nos referimos como *conditio* del perdón es el proceso que debe vivirse en la existencia concreta para poder sobrevivir. Quizá lo ocurrido no se pueda olvidar, pero uno *tiene que* olvidarlo, tiene que querer olvidarlo, tiene que sobrevivir *como si* pudiera olvidarlo. El perdón precisa, pues, de una intensa y significativa dosis de olvido. En realidad, no seríamos capaces de recordar sin olvidar. La memoria funciona mediante procesos de conservación de vivencias que, para que sirvan al pensar, están sostenidas sobre olvidos. Olvidos inconscientes que el propio mecanismo de la memoria se encarga de llevar a cabo. Es la *destrucción de huellas* a la que se refiere Ricoeur producto de un proceso natural, de alguna disfunción de la memoria o del envejecimiento «que borra lo que mantiene nuestros recuerdos». Con todo, se sabe que la memoria opera mejor si se sostiene sobre vivencias profundas. Si las vivencias pudieran pautarse y representarse al modo de un encefalograma, las intensidades marcadas por los picos de la gráfica serían difícilmente borrables, mientras que los estados planos o tendentes al equilibrio, por cotidianos y ordinarios, serían, desde luego, candidatos al olvido mecánico. Pero este olvido natural —más bien connatural al proceso de la memoria— no cuenta para el perdón. Sí puede hacerlo para la felicidad. Dicen algunos psiquiatras que son más felices las personas sin memoria. Cuando me refiero a *sin memoria* no quiero hacerlo en el sentido patológico, sino más bien en el sentido de aquellas estructuras de personalidad poco dadas a quedarse ancladas en el ayer, poco dispuestas al regusto de lo sucedido. Con todo, el olvido que cuenta para que suceda el perdón del todo es, por tanto, el olvido consciente, el olvido del que asume que quiere olvidar o incluso, en el extremo, al menos olvidar que no se puede olvidar. El perdón tiene como condición de posibilidad de su acontecer como acto y de su permanecer como conducta, una cierta dosis de amnesia que, si no es mecánica o natural, debe ser perseguida y deseada.

Lo que interesa, según nos proponíamos arriba, es ver cómo se vive aquí el pasado, el pasado que ha sido vivido como pasado sufriente y doliente y sobre el que debe operar el perdón. Sin el papel de la memoria sobre el pasado, el perdón es radicalmente imposible. No se trata de trampear con el pasado, ni de teñir de color lo que es del todo oscuro. No se trata de justificar el mal, ni de paliar el dolor. Se trata de asumir la potencia sanadora, redentora y revitalizadora del perdón, para lo cual tenemos que advertir del *todavía* del pasado. Esto es: para que el perdón sea, no se puede traicionar lo sido, ni renegar de la experiencia de lo vivido, ni amnistiar impunemente la culpa, pero sí urgir a una reintegración en lo *por ser* que constituye el sentido de la existencia. Por eso el perdón tiene sus rendimientos existenciales en la necesidad de *seguir viviendo*. Sin perdón, el pasado no se digiere. Sin perdón, el pasado se vive en su querencia a ser siempre presente. Sin perdón, el pasado de dolor nunca dejará de ser igual de doloroso.

Pero, además, como advertíamos, el perdón y el rencor son experiencias antónimas por cómo repercute cada una de ellas en el destinatario. El perdón redime al otro en su *ser conmigo*. El rencor expone al otro a un modo *ser* yo constituido *contra él*. El perdón que se extiende al otro tiene el efecto sanador sobre uno mismo al posibilitar un tipo de *religación* de lo que hasta ese momento era ruptura. El ser humano que perdona, al restañar lo quebrado, se rehace a sí mismo y recobra su libertad[37]. En palabras de Ricoeur, el perdón no se encuentra encerrado en la relación narcisista con uno mismo. Por eso, se trata de que medie la conciencia de otro, que es la única que puede perdonar. No debe olvidarse que, a este respecto, una relación rota impide la acción y la comunicación normal y cotidiana, con todo lo que tienen de esclavitud los modos de evitación de los otros. El rencor, por su parte, pone todo lo del otro en un enfrente sobre mí, vivido ya no sólo como ajeno a mí, sino, fundamentalmente, como *contra mí*. El rencor ya ha dicho su *siempre* en términos de *hasta nunca*. El perdón ha pronunciado su *nunca más* para abrirse a un *todavía* como era el *ya siempre*, solo roto por el sufrimiento y el dolor que ha sido objeto de perdón. El

---

[37] «Sólo podemos imaginar el perdón partiendo de un ser vulnerable que sea consciente de su vulnerabilidad y la tenga en cuenta en sus relaciones. Sólo el ser humano puede perdonar de ese modo no como concesión o gracia, sino como un acto libre y voluntario (…) El modelo de Ulises puede representar una solución intermedia, muy humana, que hace posible la magia del perdón. No se puede perdonar a alguien si no se le vuelve a ver. No se puede ser perdonado si no se vuelve. El éxodo eterno expresa el malestar del señor del universo que yerra como un alma condenada en busca de un hogar que nunca podrá formar». F. Gil Villa, *Ni animales ni dioses*, p. 140, 143.

perdón suelda, así, la conexión perdida de una relación pasada que quiere seguir siéndolo. Sólo desde esa *tensión futuriza* del vivir humano de la que venimos hablando adquiere pleno sentido, con la misma intensidad, el *tener que volver a ser* del perdón, y el *no poder ser ya nunca jamás* del rencor. Creo que, sin apelar a este modo de ser tan *por ser* del hombre, no podríamos saber por qué debemos perdonar y olvidar, o cuáles son los daños del rencor y por qué debemos evitarlos. Es preferible cultivar el perdón, porque *tenemos que* vivir. Es deseable huir del rencor, porque *acaba por* destrozarnos por dentro. El perdón de la culpa, la restauración de la relación y la cancelación de la deuda pasada, forman parte del mismo *tempo*. ¿Por qué perdonar? Porque *tenemos que ser.* Porque tenemos que *seguir siendo.* En el perdón comparece todo el ser de este ser que somos porque es el fondo del existir, el corazón del ser, el que ha quedado herido.

Esa abertura al futuro propia del perdón es la que explica, además, hasta qué punto la restauración de lo perjudicado debe venir de la mano de cambios que aseguren y verifiquen que aquello no volverá a ser posible. La tarea de perdonar no es menor que la de ser perdonado. Aquel tiene que vivir haciendo un ejercicio constante de no dejarse llevar ni por el pensamiento ni por la acción que recurrentemente vuelven sobre lo acontecido y desean actuar en coherencia. Este, el perdonado, por su parte, se compromete a un tipo de cambio que facilite la posibilidad realista de que no volverá a suceder. El perdón es recibido como don, en esa familiaridad semántica a la que se refiere Ricoeur. Pero no sólo. En mi opinión, la gran lección de la temporalidad del perdón es esta: que hasta el que lo recibe, el destinatario, tiene por delante la tarea de *dejarse perdonar,* es decir, la tarea hacer creíble que, en el futuro, algo tiene que cambiar para que no vuelva a hacer falta el perdón. Dejarse perdonar es comprometerse a que ya no se van a dar las condiciones oportunas que favorezcan la recidiva de la conducta, y, en el caso de que se dieran, transmitir la confianza de que no sería esa misma la reacción que tomar. En suma, en todo perdón hay una anticipación confiada en el mañana, una necesidad de *tirar para adelante* sin la rémora del daño infligido. Un modo de *volver a empezar* donde lo de siempre sea todo nuevo. El perdón que se pide y se exige se funda siempre en un *no volverá a ocurrir.* El perdón que se otorga y se entrega se sostiene en *no puedo seguir así.*

El perdón introduce la novedad de un tiempo que es nuevo por ser otro tiempo. Un tiempo que vuelve a ser significativo y vuelve a dotar de sentido a aquello que lo había perdido del todo. Así, restituye los derechos del otro de volver a ser un tú para un yo, una alteridad otra vez reconocible e irreductible. Volver a empezar consiste, a mi modo de ver, en asegurar que esa dimensión hontanar del futuro mana hacia el pasado para retocarlo en su intento, a veces desmedido, de repercusión en el presente. Retocarlo primero, olvidarlo después, e integrarlo cuando esté maduro. La verdad del perdón reside, pues, en su *todavía no ser* del todo, en que lo sido no tiene la última palabra precisamente por su abertura a lo *por ser*. Perdonar es, por eso, confiar en que lo *por ser* será en su *deber ser,* insistiendo en lo que decíamos páginas más atrás: la indiscutible dimensión moral del futuro. De alguna manera, y por acabar casi igual que comenzó este capítulo, podemos parafrasear aquella tesis III de *Sobre el concepto de historia* de Benjamin: «Sólo a la humanidad redimida le corresponde su pasado» para decir que el perdón y su capacidad redentora nos hace apropiarnos limpiamente del pasado para poder seguir siendo. Para que los seres humanos dejen al pasado que pase a ser pasado y la historia, que nunca pierde nada, se rehaga una y otra vez desde una libertad presente que sabe que quiere seguir construyéndose.

V

EL *TODAVÍA* DE LA POSIBILIDAD

«Habrá que decir que la persona no podría ser asimilada
de ninguna manera a un objeto del cual podamos decir que está ahí,
es decir, que está dado, presente ante nosotros, que forma parte
de una colección esencialmente numerable, o incluso que es
un elemento estadístico susceptible de entrar, como tal,
en los cálculos de un sociólogo que procede como
un ingeniero (…) Su lema no es *sum*, sino *sursum*».[38]

La existencia humana es, ante todo, una forma de ser permanentemente
abierta. Esta apertura dice ya mucho de lo poco monadológico que es el
existir. Frente al *nihil indigeat ad existendum* de la autonomía ontológica y de
la sustancialidad metafísica, el ser humano es radicalmente eso, indigente.
La indigencia ontológica de este modo de ser del hombre funda sus notas
constitutivas de relacionalidad y de circunstancialidad. Reparemos, pues, en
que la indigencia que le hace necesitado y que le conmina a la incompletud
radical, determina muy singularmente la relatividad del existir humano. No
es que la indigencia marque indeleblemente nuestra imperfección, como
si de una mácula original se tratara, sino que, aun desde el punto de vista
exclusivamente ontológico, el ser de esta forma peculiar de existir que es la
nuestra, anda lejos de cualquier modo de *aseidad* independiente y absoluta.

---

[38] G. Marcel, *Homo Viator*, p. 37.

Las definiciones sustanciales de la persona insisten en esa autonomía metafísica y en su irrelatividad como modo propio de una existencia que, en palabras de Leibniz y su *Discurso de metafísica,* le vienen dadas por su condición creatural que le hace ser, en cierto modo, un espejo del modo de ser de Dios. Adviértase al respecto que, una insistencia tan rotunda en una condición humana fundada en la autonomía impone una lógica en la que, en el extremo, toda dependencia con respecto a los otros dejará de ser entendida como constituyente y determinante del hombre, para comenzar a denunciarse como un modo deficitario de ser, como una manera de existencia imperfecta acerca de la cual, en el extremo, uno debería poder decidir si es merecedora de ser vivida. En definitiva, una autonomía exacerbada tan sinónima de la existencia humana conlleva una consideración del todo desconsiderada con cualquier atisbo de dependencia que, siguiendo tal razonamiento, ya no puede ser considerada del todo humana.

Nosotros, por nuestra parte, vamos a acudir por el momento a Heidegger y a sus sugerentes análisis ontológicos sobre el ser humano, precisamente en este sentido de comprender hasta qué punto todos los existenciales que formalmente indican al ser de este ente que somos están vinculados a la apertura propia del *in der Welt Sein,* del *ser en el mundo.* Sin embargo, nuestra propuesta no quiere pasar por alto la altura moral de tales reflexiones, como parece que fue el prurito de la analítica existencial heideggeriana. Más bien al contrario. Deseamos que el rigor ontológico nazca de la experiencia moral y vuelva a ella exactamente al tiempo que no se desvíe de la catadura moral del *hacia dónde* de la apertura y del *todavía no ser* de la posibilidad.

Pues bien, lo que signifique específicamente este modo de existir del ser humano, según Heidegger, deberá primero contar con la aportación de la tradición filosófica[39] y su manera de pensar el «yo» que, de una u otra manera, ya incluye los modos de «sustancialidad», «simplicidad» y «personalidad» advertidos por Kant[40]. En realidad, la línea filosófica que va desde Descartes

---

[39] Aportación en modo de apropiación denominada por Heidegger *configuración de la situación hermenéutica (Ausbildung der hermeneutischen Situation).*

[40] M. HEIDEGGER, *Ser y Tiempo,* en adelante SZ, p. 334.

a Husserl pasando por el de Könisberg había vinculado el concepto de «yo» al de *res cogitans*, al de sustancia, al de conciencia, hasta llegar a sostener todo el edificio del conocimiento en la solidez de este *principio* que *tiene que acompañar todas mis representaciones*[41]. Esta manera de comprender al «yo» termina siendo un modo reductivo de descubrir la identidad personal desde el concepto de sujeto que, como explicará después en *La época de la imagen del mundo*, condena a todo lo demás a convertirse en objeto. Objeto que es imagen en cuanto contenido de la representación.

> «La concepción del yo como algo que se basta a sí mismo es una de las marcas esenciales del espíritu burgués y de su filosofía. Todo se dirige al culto al esfuerzo, a la iniciativa y al descubrimiento que se orienta menos a reconciliar al hombre consigo mismo que a asignarle lo desconocido del tiempo y de las cosas»[42]

El yo que ha pensado la modernidad, según Lévinas, se preocupa de los asuntos humanos y de la ciencia como una defensa frente a lo imprevisible de las cosas. El deseo de posesión de las mismas en su conversión de la cosa en objeto, su imperialismo para con la realidad y con los otros hombres, no corresponde más que a una búsqueda obsesiva de seguridad. Pero, cuando uno dice yo, ¿qué quiere decir? Cuando inmediata y regularmente alguien se refiere a sí mismo como «yo», está mostrando una experiencia prefeno-menológica que debe ser descrita para observar cómo está el ser humano hablando en modo impersonal. En realidad, este «yo» se ha olvidado de sí, ha obviado el *ser sí mismo,* a pesar de las reiteradas ocasiones en las que el uno dice «yo, yo». A pesar, por tanto, de las múltiples ocasiones de ensi-mismamiento. Heidegger describe la manera cotidiana y habitual en la que alguien se refiere a sí mismo como »yo» para ver si aquí puede intuirse, de alguna manera, el modo constitutivo del *estar en el mundo* del ser humano. Efectivamente, cuando uno dice «yo» está refiriéndose al mundo, pero no a la concepción fenomenológica del mundo como el *ahí* del ente que somos,

---

[41] «El yo fue reducido forzadamente a la condición de sujeto *aislado* que acompaña a las representaciones de una manera ontológica enteramente indeterminada». SZ, p. 337.

[42] LEVINAS, *De la evasión,* p. 75.

sino al mundo en cuanto aquello que *a uno le ocupa*[43]. Que el ser humano sea esencialmente *ser en el mundo* obliga a que buena parte del trayecto reflexivo sirva para explicitar lo que supone el mundo que es tan significativo para el ser humano. Pero, para entender bien a qué se refiere esta constitutiva forma de soldar el yo al mundo, es necesario —sostiene Heidegger— haber superado la estructura epistemológica que vertebra toda la historia del pensar occidental. Los términos sujeto-objeto imponen una obligada atención a los modos de ligar lo uno y lo otro[44]. Y aquí está el problema: en que esos modos de vinculación nunca pueden hacerse cargo de la constitución fundamental del ser humano *ya siempre* abierto al mundo[45]. La manera de problematizar ese acceso del sujeto al objeto, del interior al exterior, de lo inmanente a lo trascendente es, sin más, el modo de ocultar cómo el conocimiento mismo «está fundado en un *estar en el mundo* que constituye esencialmente el ser que somos».[46] Por eso, ya no es que los términos de la epistemología hayan malinterpretado el proceso del conocimiento, sino que es ahora la teoría del conocimiento la que es subsidiaria de una aclaración primera y primaria de lo que signifique *ser en el mundo*. La teoría del conocimiento es un acceso posible, pero no el originario que, según lo dicho, debe ser hermenéutico.

Ser en el mundo significa, entonces, que el mundo no es para el ser humano algo prescindible, adyacente o accidental, sino que el propio término con el que Heidegger designa al hombre, el *existente ahí* (como explicará Heidegger después en *Carta sobre el humanismo*) incorpora en su propia delimitación conceptual el *Da,* esto es, el lugar en el que este ente es y tiene que ser[47]. A esto es a lo que Heidegger llama el carácter mundano del ser humano, diferente, como era de esperar, del ente del mundo o intramun-

---

[43] SZ, p. 337.

[44] «El entender el conocimiento como una "relación entre sujeto y objeto" encierra tanto de verdad como de vacuidad. Además de que sujeto y objeto no coinciden tampoco con Dasein y mundo». SZ, p. 81.

[45] El Dasein es el ente cuyo modo de ser fundante es *estar ya siempre fuera* sin que quepa hablar de ningún interior del que salir hacia el mundo. Cfr. SZ, p. 83.

[46] SZ, p. 82.

[47] CHILLÓN, J. M., *Serenidad. Heidegger para un tiempo postfilosófico,* p. 58.

dano de las cosas o seres vivos que no son *como nosotros*. Precisamente, son los análisis sobre la mundanidad los que ya advierten de hasta qué punto la familiaridad del ser humano con los entes intramundanos y con el mundo que, en cuanto plexo de significados, es asumido por este ente que somos, puede fácilmente «conllevar una pérdida en las cosas que comparecen dentro del mundo y ser absorbido por ellas»[48]. Por ello, el capítulo cuarto de *Ser y Tiempo* comienza por aquí, por el análisis del existir en el mundo del ser humano en su cotidianidad definida como *el modo de ser del absorberse en el mundo*[49]. La existencia hacia afuera y proyectiva del ser humano, por la que se encuentra «vuelto hacia el más propio poder ser»[50] no es la existencia subsistente de los entes intramundanos que no son *este ente que somos cada uno de nosotros*[51]. La aperturidad constitutiva de este modo de ser del ente que posee el privilegio óntico de albergar preontológicamente la pregunta por el ser en general, en la que se asienta la posibilidad de la ontología, invita a entender esta existencia en términos de posibilidades siempre pendientes de realizar. La existencia humana es —nos atrevemos a decirlo— *epifanía ontológica*. Por eso, la existencia no puede tener el modo de ser de lo que solamente *está ahí* cuyo análisis no pasa de ser una mera constatación fáctica (vulgar o científica, ante-predicativa o proposicional). El ser humano, precisamente porque no es un ente sin más, nunca podrá ser considerado como un *ganzes Seiendes* (como un ente entero) porque su ser es *poder ser* y, entonces, mientras sea, siempre tendrá que «*no ser todavía algo*» (*etwas noch*

---

[48]   SZ, p. 98. La tendencia a quedar absorbido por el mundo es el destino más íntimo de la vida fáctica, había explicado ya en *Phänomenologische Interpretationen zu Aristoteles. Einführung in die phänomenologische Forschung*, GA 61, p. 9.

[49]   SZ, p. 134.

[50]   Constituyendo la estructura esencial de lo que significa *irle el ser* y que Heidegger denomina *el anticiparse a sí* del Dasein. SZ, p. 210.

[51]   La proyección es la estructura existencial del comprender, esto es, de la aperturidad del Dasein al mundo correspondiente con la significatividad como apertura del mundo al Dasein. El Dasein es primariamente un *ser posible* en la facticidad, en definitiva, *una posibilidad arrojada*. Que el Dasein sea proyecto significa que su ser es el conjunto de sus posibilidades que, en cuanto asumidas, determinan la propiedad de su existencia.

nicht sein)[52]. Tal importancia le concede Heidegger a esta dimensión existencial de la apertura que, en los *Zollikoner Seminare,* sugiere pensar la patología psíquica como modos de un *no poder sostenerse hacia afuera.*

A primera vista puede decirse que la existencia impropia, el modo de *no escoger ganarse a sí mismo,* tiene que ver con cómo este ente desintegra su diferencia respecto de los otros entes y anula su especificidad en lo que será un *desmoronamiento sin par.* Esto tiene múltiples implicaciones en toda la analítica existencial. De hecho, su *estar en el mundo* no es el estar en el mundo de los otros entes que, definitivamente, *carecen de mundo*[53].

La existencia de este ente es un *factum,* y en esto no se diferencia en absoluto del hecho bruto de la existencia de un mineral o de un animal. Lo que es particular y propio es el modo en el que el ser humano está ahí. A esta manera genuina es a la que Heidegger denomina *facticidad* que se manifiesta en los múltiples modos del *Besorgen,* en los múltiples modos de *habérselas con el mundo.* La facticidad establece la diferencia ontológica en los siguientes términos: mientras que la *existencia en el mundo* del hombre es un existencial, el *estar en el mundo,* en cuanto *estar dentro del mundo* del ente que está ahí, es una categoría[54]. Pues bien, esa *facticidad* —así lo explica Heidegger en *Prolegomena zur Geschichte des Zeitbegriffs*— determina la *cotidianidad de la vida cotidiana,* en definitiva, el *factum* del existir en su facticidad[55].

De la misma manera que no existe un sujeto sin mundo, «tampoco se da en forma inmediata un yo aislado sin los otros»[56] como si la experiencia de las cosas ya estuviera implicando y, de alguna manera, preparando, la existencia compartida. El mundo, pues, es siempre un *Mitwelt,* un mundo

---

[52] SZ, p. 249. «El Dasein ya existe siempre precisamente de tal manera que cada vez incluye su no-todavía». SZ, p. 260.

[53] SZ, p. 77.

[54] Cfr. SZ, p. 77. Ahí mismo acaba de definir la facticidad como: «estar en el mundo de un ente intramundano, en forma tal que este ente se pueda comprender como ligado en su destino al ser del ente que comparece para él dentro de su propio mundo». *Faktizität* corresponde al modo del estar humano; la *Tatsächlichkeit* designa el modo de ser de lo ente intramundano. Cfr. SZ, § 29.

[55] GA 20, p. 208.

[56] SZ, p. 136.

con otros. La apertura hacia las cosas es también apertura plenamente tal, hacia los otros. Todo *estar en el mundo* es un *coestar.* Y este *coestar* «determina existencialmente al ser humano incluso cuando no hay otro que esté fácticamente *ahí* y que sea percibido. También el estar solo es un modo del coestar»[57]. Y así, la preocupación por las cosas del mundo, en el caso de los entes que son como yo, toma forma de *solicitud* (*Fürsorge*).

Como en otros muchos casos a lo largo de *Ser y Tiempo*, la evidencia de la experiencia cotidiana ofrece una puerta de entrada a la comprensión de lo que significa el mundo compartido. De manera que, no sólo el auténtico *ser para los otros*, sino el alternativo *estar contra otros*, prescindir de ellos, no interesarse por ellos…[58] son modos posibles de la *Fürsorge,* del cuidado. Cotidianamente, la *solicitud* se mueve en el intervalo de dos extremos que van desde el *reemplazo* (por el que el otro es relevado de su responsabilidad para con las cosas en una sustitución que le convierte en dependiente respecto de aquel que le cercenó en su capacidad para cuidarse libremente del mundo) hasta la *anticipación* (por la que el otro es devuelto a su estado de autenticidad donde se entiende a sí desde el cuidado por el que, en la libertad para con las cosas, vuelve a encontrarse a sí mismo)[59]. De este modo, la analítica existencial revela que todo *estar en el mundo* es esencialmente un *coestar* que tiene en cuenta la constatación cuantitativa de los muchos sujetos que existen con los que se cuenta, «*sin contar en serio con ellos*»[60] (en el sentido de asumir que *uno no tiene que ver nada con los otros*), para después transformar fenomenológicamente esa comprensión ordinaria en una reflexión del todo fenomenológica.

A la estabilidad epistémica del yo en cuanto sustancia, en cuanto mónada que no necesita de otra cosa para existir, le corresponde una inestabilidad

---

[57] SZ, p. 140. Un *coestar* en el que termina fundándose la propia *Einfühlung* en la que Husserl cifraba la constancia de la *intersubjetividad.* Cfr. SZ, p. 145.

[58] Cfr. SZ, p. 141.

[59] En esto mismo había insistido en las lecciones del semestre de invierno de 1925-26. Cfr. *Logik,* GA 21, pp. 223-224, en la diferencia entre *asistencia sustitutoria y dominación.*

[60] SZ, p. 145.

existencial (propia de «la caída irresoluta»[61]) que cierra el paso a la verdadera estabilidad del *sí mismo* radicada en la determinación del ser humano por *querer ser sí mismo.* Ser este ente es estar en ese modo de aperturidad que da de sí, en ese modo de posibilidad que extenúa cualquier cerrazón metafísico-sustancialista. El análisis ontológico podrá volver a lo dicho por la tradición, no para fulminarla del todo (lo cual contravendría los presupuestos hermenéuticos de partida) sino para repensarla una vez que, fenomenológicamente, se ha puesto sobre la mesa que aquellas notas de sustancialidad, personalidad y simplicidad presuponían un «yo» desde la preconcepción del *ser cosa* (cuyo ser consiste en perdurar invariable) esto es, desde el concepto de un «yo» que no se había hecho cargo de la diferencia ontológica ni de la peculiaridad del ser de este ente que somos. La tarea ahora es, por tanto, saber «qué derecho ontológico»[62] se les puede asignar a esas categorías dentro ya del análisis fenomenológico-hermenéutico de la mismidad. La experiencia ordinaria ya habla del mundo al hablar del «yo», ya define el *sí mismo* por el trato y la ocupación, ya requiere de un conjunto de categorías que le constituyen… Todo ello no puede ser ni obviado ni eliminado, pero sí superado y deconstruido, como es propio de la transformación hermenéutica de la fenomenología. Y por eso el *sí mismo* que propiamente constituye al «yo» (en cuanto modificación del *ser uno*) se deriva del hallazgo analítico existencial decisivo: el cuidado. En la estructura existencial del cuidado, toda aquella experiencia prefenomenológica de la mismidad queda incorporada pero reestructurada, así como toda la otra experiencia del mundo, ya que el cuidado implica esencialmente *estar cabe las cosas.*

¿Qué está presuponiendo el análisis de la esencia de este ente que somos en el modo del cuidado? Sin duda la dimensión del *todavía no ser* del ser de este ente. Ya en la determinación de lo que sea el cuidado está latiendo la necesidad de desvincular la vida humana del presente cósico, de la presencialidad absoluta de las cosas, del modo de ser propio de la subsistencia por la que el tiempo pasa sobre la realidad sin *pasarla,* sin atravesarla en su ser del

---

[61] SZ, p. 338.
[62] SZ, p. 338.

todo. «Siendo cuidado (…) el Dasein es para consigo mismo en cuanto algo que todavía no es»[63]. La misma definición *oficial* que Heidegger ofrece de la noción de *Sorge* reside precisamente la nueva comprensión del tiempo, del todo alternativa a la concepción husserliana. El *preserse ya en el mundo como ser cabe los entes que nos hacen frente* —que traduciría Gaos— ya incorpora el carácter matriz del futuro, donador de sentido a la experiencia del *ya ser* pasado y constitutivo del presente como modo existencial tensionado.

> «El porvenir pertenece intrínsecamente al sentido desde el que existimos. El ser de la existencia tiene pues intrínsecamente este sentido de futurización: el ser desde el que existimos tiene el carácter de ser nuestra propia posibilidad de existir. El ser como prenuncio de nuestra propia existencia es lo que llamamos futuro. El futuro no es un momento posterior del tiempo sino un momento del ser de la existencia misma»[64].

Ese cuidado, que es todo modo de intencionalidad puesta en el barro del existir, toda conciencia situada en un cuerpo y en una vida concreta *hic et nunc*, pone al ser humano siempre en un *in essendo,* siempre en un futuro al que se abre, siempre pendiente de una posibilidad que actualizar, siempre lanzada a un proyecto. El cuidado es, por qué no, la constitutiva determinación de disponibilidad que pone en un brete que el *sí mismo* quede agotado en el yo siempre tan saturado de sí mismo, que diría Marcel[65]. Que el ser humano sea cuidado y que bajo la constitución del cuidado esté latiendo el sentido de la temporalidad que deja de estar subyugada al tiempo presente y cronológico cerrado a todo más allá, ya está apuntando a la doble dimensión de la nihilidad constitutiva del existir. La primera, marcada por un modo de ser *todavía por ser* en su constitución proyectiva y, la segunda, porque esa misma realidad humana intrínsecamente determinada por las posibilidades le sitúa ante la muerte que pone la posibilidad proyectada en su realidad

---

[63] HEIDEGGER, *Prolegómenos para una historia del concepto de tiempo,* p. 385.

[64] ZUBIRI, *Cinco lecciones de filosofía,* p. 279.

[65] «¿Por qué signo —sigue Marcel— se puede reconocer su la persona se supera, se trasciende efectivamente o, por el contrario, si retrocede, de alguna manera, más acá de sí misma? MARCEL, *Homo Viator,* p. 38.

yecta, en su posibilidad de posibilidades, en la finitud que reafirma hasta qué punto *todo dejar de ser* forma parte de este ser que somos.

> En razón del modo de ser constituido por el existencial del proyecto, el sería constantemente más de lo que de hecho es (…) lo que el Dasein en su poder ser *todavía no es,* lo es existencialmente. Y sólo porque el ser del Dasein recibe su constitución por medio del comprender y de su carácter proyectivo, y porque él es lo que él llega a ser o no llega a ser, puede decirse a sí mismo, comprendiendo lo que dice, ¡sé lo que eres!»[66].

¿Qué nos enseña Heidegger, en el sentido de mostrarnos, de hacernos ver? El valor existencial del tiempo del existir que establece la peculiaridad ontológica de este ente en la medida en que es un ser siempre *por ser* al que tales posibilidades le sobrevienen justo cuando se toma conciencia del futuro de la muerte que existe, curiosamente, en su estar siendo *mientras todavía no es* para mí. Sin la mortalidad —esto parece evidente— no habría posibilidad y, en ningún caso, libertad. «Si no pudiera morir, no podría nada. Todo me sería indiferente, para todo habría un tiempo infinito»[67]. Ya Schopenhauer sostenía que sin muerte y, por tanto, sin los resortes que reafirman en la vida su potencia tales como el sufrimiento y el dolor, no habría metafísica, no habría necesidad de preguntarse el por qué acerca de absolutamente nada. Querer saber es, de esta manera, una expresión genuina de terapia ante el dolor y ante el sufrimiento que siempre lo son, en el fondo, por tener que morir.

Descubrimos con Heidegger, entonces, hasta qué punto tomarse en serio la muerte —o como diría el de Messkirch, volverse hacia ella, resolverse a asumirla— es una tarea de primer orden ontológico sobre la que se asienta la finitud, la posibilidad de ser, en suma, el cuidado. La muerte constituye así la posibilidad más propia para el ser humano. La posibilidad de las posibilidades, si se quiere. Posibilidad de posibilidades porque de todas las posibilidades que el hombre tiene la más auténtica y genuina es esta: la de asumir y tomar conciencia de su *poder no ser*. Y es este avanzar hacia un cierto

---

[66]   HEIDEGGER, *Ser y Tiempo*, p. 164.
[67]   G. BARÓ, *De estética y mística*, p. 43.

e inapelable *poder no ser* en el que se funda el *todavía no ser* de nuestro existir. Situarse existencialmente ante la muerte es anticiparse a ella. Anticiparse a ella es hacerse consciente de la posibilidad, de la apertura… adelantarse a ella asumiendo «su posibilidad más extrema»[68]. La toma de conciencia de la muerte es, sin más, la manera en la que quedamos expuestos al no ser precisamente en nuestro *ser siendo*. Sigamos, pues, este razonamiento: si la conciencia del fin definitivo (que acontece en nuestro presente que rezuma de futuro) nos hace conscientes a la vez de nuestra nada en cuanto seres expuestos esencialmente a dejar de ser, obviarla, ocultar esta muerte, tiene como grave consecuencia la aniquilación de la finitud como nota específica de lo humano. Quedarse sin futuro por aniquilar la muerte es terminar con este ser que somos cada uno de nosotros. La anticipación de la muerte es la superación del *todavía no* cronológico de la muerte que no está cuando se piensa en ella, a pesar de la conciencia de su certeza, para advertir ontológicamente una apertura que es en la historia y que cuenta con la finitud del fin que adviene en la vivencia del tiempo. La temporalidad, como sentido del ser del ente que somos, significa que somos futuro. Y temporal —recuerda Heidegger en *El concepto de tiempo* recobrando las lecciones juveniles sobre las epístolas paulinas— no significa *en el tiempo*, sino el tiempo mismo[69]. Anticiparse a la muerte es anticiparse a la posibilidad: *Vorlaufen in die Möglichkeit*.

> «El hombre es la posibilidad que no ha madurado todavía la totalidad de sus condiciones tanto internas como externas. En la totalidad inagotable del mundo mismo, la materia es la posibilidad real para todas las formas que se hallan latentes en su seno y se desprenden de ellas por medio del proceso».[70]

La apertura del ser que somos funda el modo de ser en términos del *ser posible*, hemos insistido ya en ello. Sostiene Heidegger en el §31 de ST que el carácter del ser del hombre *meramente posible* significa lo que *todavía no es* real y lo que jamás es necesario. Pero esa posibilidad existencial es distinta

---

[68] Heidegger, *El concepto de tiempo*, 70.
[69] Heidegger, *El concepto de tiempo*, 77.
[70] Bloch, *El principio esperanza*, vol. 1. p. 280.

de la vacía posibilidad lógica, pura potencialidad de ser que en el fondo no es nada en sí, pero también es diferente de la contingencia de lo que significa que algo pueda ser de este modo o de este otro. El *poder ser* del ser humano, sin embargo, es existencial porque existir es siempre el modo de hacerse cargo de la posibilidad. Se trata, en suma, de poner en juego la libertad en la medida en que esta es precisamente por la carencia de ser. El *poder ser* del ser humano es el que le constituye como ser futurizo y como ente que es en su *no ser todavía*. La ontología tiene, en este trayecto existencial, mucho de *meontología*. Sartre lo vio magníficamente con aquello de que «el yo que yo soy depende en sí mismo del yo que yo no soy todavía»[71], lo veremos enseguida. El análisis existencial que detecta la nihilidad de este *poder ser* debe devolver una pauta existencial para el pleno vivir que nunca puede descansar en las cosas, que nunca resultará satisfecho por el mundo. Por tanto, aquella nihilidad que se palpa como constitutiva de una identidad que nunca termina de ser del todo, se proyecta también al mundo, a las cosas, a los entes intramundanos que nunca completan ni sacian por completo la *incompletud* constitutiva del *por ser* de este ser que somos. Nihilidad porque estos nunca pueden colmar la autenticidad que se busca, precisamente, cuando el ser humano cuestiona la obviedad de lo dado y *da un paso atrás* del sentido común para buscar claridad sobre lo que sea él mismo, para llevar a la filosofía la cuestión capital del «estar despierto del Dasein para sí mismo»[72]. Por tanto, quizá con Bloch podríamos asumir que, en el propio proceso de autoconocimiento, de autoesclarecimiento, de entendimiento… el ser humano se descubre en su ser inacabado, abierto hacia el futuro[73]. Y es este futuro el que comienza precisamente aquí, en el presente vivido.

---

[71] SARTE, *El ser y la nada,* p. 69.

[72] GA 63, p. 15.

[73] «Desde esta perspectiva hay que decir que el ser humano vive todavía por doquier en la prehistoria (…) La verdadera génesis no se encuentra al principio sino al final y empezará a comenzar sólo cuando la sociedad y la existencia se hagan radicales, es decir, cuando se atengan a su raíz. La raíz de la historia es el ser humano que trabaja, que crea, que modifica y supera las circunstancias dadas. Si llega a captarse a sí y si llega a fundamentar lo suyo (…) surgirá en el mundo algo que ha brillado ante los ojos, pero donde nadie ha estado». BLOCH, *El principio esperanza,* p. 510.

Por qué no asumir entonces que existir humanamente es ser consciente de nuestro ser posible y por qué no culminar así que existir es, de algún modo, *estar en falta*. La posibilidad abre siempre al ser posible a un *hacia* que le constituye y le pertenece, a una posición de permanente *estar en camino*, a una comprensión de la existencia como peregrinaje. La falta es al modo como la ausencia es. No notamos la ausencia, sino de aquello que queremos en presencia. No está ausente, sino aquel que está en su *no estar presente*[74]. Falta sólo lo que es en su aún faltar, en su todavía no ser, en su *deber haber estado*. Saberse en falta es descubrirse a falta. Mientras que la *presencia ausente* es uno de los modos de insignificancia, la *ausencia presente* es el modo más dramático de estancia. El hombre de hoy no está a falta de nada, y por tanto no está a falta de otra cosa que no sea de su *estar en falta*. No se le permite descubrirse menesteroso, imperfecto, finito… Frente a esta tergiversación de la que ya hemos hablado, asumamos que el ser fragmentario de cada ser humano se muestra cuando, por las grietas de su ser, se transparenta la falta. Las debilidades constitutivas de este ser que somos, la vulnerabilidad que se anexa a toda certeza de finitud, nos hace conscientes del *por ser* que somos. Por eso, en Heidegger, esa posibilidad óntica del ser humano sólo debe entenderse desde aquella apertura ontológica que apunta definitivamente hacia el no ser absoluto de la muerte. Esta nihilidad radical y absoluta del final definitivo se proyecta hacia atrás en los modos ontológicos en los que el ser humano, en su ser en camino, al hacerse consciente de su *Sein zum Tode*, se descubre vulnerable, limitado, necesitado… como experiencias de una nihilidad relativa que hacen pasar la condición proyectiva del hombre por el barro del fin donde todo se disuelve en su final.

La vulnerabilidad lo es por la apertura. Una condición abierta que, porque es carente, es *amable,* capaz de querer, capaz de sentir, capaz de sufrir y capaz de gozar. Si nada necesitara, por nada sufriría, pero por nada se alegraría. Si de nada tuviera deseo, de nada querría arrepentirse, a nada

---

[74] «La ausencia se define como un modo de ser de la realidad humana con relación a los lugares y sitios que ella misma ha determinado por su presencia». SARTE, J. P., *El ser y la nada,* p. 356-357.

querría aspirar y por nada merecería la pena vivir. Y así, el sufrimiento, como la disonancia entre la vida y el sentido, es la marca indeleble de la finitud y del amor. Sufre el que ama por quien ama. Ama el que sufre por el sufrimiento que provoca en quienes ama. Es la condición de la nada connatural al *todavía* consustancial del ser que somos la que nos abigarra al futuro y toma conciencia de la provisionalidad de nuestro mientras tanto. Ser hombre y ser perfecto son, entonces, condiciones repelentes.

Vulnerables somos porque *todavía no* somos. Vulnerables somos en nuestra perfecta e irremediable imperfección. Es la *paradoja aquiliana* que se repite en todo modo de ser lo que somos: en el mismo lugar estigio en el que nos bañamos y protegemos nuestra vulnerabilidad, podemos quedar del todo heridos por ahogamiento. Tetis, por amor, protege a su hijo de la muerte exactamente al tiempo que lo sujeta para librarlo de la muerte por el único lugar que le hará mortal. El talón de Aquiles de la experiencia humana es precisamente la que suena a amor y a muerte soldados ya entre sí a este ente en su *todavía no ser*.

¿Cómo, entonces, es este ser que tiene este apetito casi desordenado de plenitud siendo tan nada; que con la misma mano que acaricia, mata; que con la misma mente que planea grandes obras para la humanidad, piensa en fulminarla; cómo es este ser tan alzado y caído, tan osado y angustiado; tan grande y tan ruin? La vulnerabilidad, la incompletud, la debilidad, la necesidad, la carencia… son determinaciones de un ser que en su experiencia real sabe de la anticipación de la muerte, en el que su imperfección ontológica es, precisamente, la esencia de su condición *télica*. Obviar esas determinaciones y cubrir esa aparente miseria encubre el ser que somos y cercena el futuro para dejarse en el presente en el que no cabe más que ser perfecto.

Pero, ¿y si el proyecto que somos, más que sumergirnos en el lodazal del final del que nadie puede librarse, más que devolver una angustiosa sensación existencial que nos aproxima a la nada, más que doblegarnos a la muerte en su omnipotencia absoluta, nos descubre como seres llamados, vocacionados y libres? ¿Y si el proyecto de lo *por ser* que somos, no acaba siendo tan yecto cuanto erguido, no se encuentra tan agotado cuanto esperanzado?

En todo caso, puede discutirse con Heidegger si la constitución temporal del ser que somos necesita deshacerse tan pronto del concepto de sujeto y de conciencia en su *tomar conciencia del tiempo* y que, además, por ser un yo sito en una circunstancia concreta debe considerarse siempre también arraigado *en el tiempo*[75]. No es el momento de detenernos en la discusión de altura académica sobre si la fenomenología genética fue el feedback de Husserl ante la imponente proyección de Heidegger, o si fue este el que tradujo mejor las ideas que rondaban en el autor de las *Investigaciones Lógicas* a partir de 1905. Lo que, en todo caso, parece necesario es asumir que la verdad del presente viviente, del tiempo que vive el sujeto consciente de estar *en el tiempo,* puede llevarse a cabo con todas las dosis de realismo vital desde el paradigma de la conciencia cuyas aportaciones no están tan lejos como parece de las propuestas heideggerianas de la existencia.

Para la concepción del tiempo de la conciencia en Husserl el pasado y el futuro están concentrados en el presente como una síntesis de retenciones y protenciones que constituyen el ahora ensanchado de la vivencia. Husserl también quiso reaccionar contra esta concepción del tiempo vulgar, del tiempo *espacial* que en realidad asume el presente como tiempo fundante detrás del cual está el pasado y delante del cual se piensa el futuro. La primera intuición de Husserl acerca de cómo el presente incluye e incorpora en su ser vivido el pasado y el futuro en sus modos de encontrarse retenido e incorporar lo protenido, respectivamente, se complementa después con la constatación de que el yo fenomenológico ya no es la conciencia omnipotente que resulta fortalecida incluso por la duda, sino la conciencia que, además de ser constituyente y donadora de sentido, resulta constituida en el tiempo. El hallazgo de la subjetividad trascendental como fuente de todo sentido, como fundamento de constitución de la objetividad, no podía obviar que también esta *yoidad* resulta constituida. Y este resultar constituida es lo que Husserl descubre mediante el análisis de las *síntesis pasivas*, esto es, mediante el análisis de los presupuestos y sedimentos en los que toda subjetividad se encuentra implicada a pesar de la inconsciencia de ese tal encontrarse. Las síntesis

---

[75] La discusión al respecto puede verse en el espléndido trabajo de P. Fernández Beites, «El sujeto que vive sobre el tiempo» en López-Moreno, *Del tiempo. Perspectivas fenomenológicas,* pp. 89-11.

pasivas abren a la subjetividad a todo el conglomerado de operaciones que determinan las operaciones constitutivas de la conciencia. Se trataba de destacar, en realidad, la conformación histórica de la subjetividad. El *Lebenswelt,* el mundo de la vida, supone reconocer el encaje circunstancial del hombre en el mundo propio, en la tradición, en la historia. Si la conciencia es temporal, si la conciencia es conciencia del tiempo que fluye de acuerdo al triple horizonte de memoria, presencia y expectativa, si la conciencia se genera en el tiempo y es *sobre* el tiempo, y si la conciencia es sintética y todas las síntesis que lleva a cabo son mediante el tiempo como forma fundamental de toda síntesis, entonces, puede decirse que el ser humano queda constituido por el tiempo, viviendo en el tiempo y comprendiendo por medio del tiempo todos sus actos vitales, todos sus modos existenciales. ¿Seguro que Husserl es un representante de lo que Heidegger llama *metafísica de la presencia?*

La metafísica de la presencia tiene, entonces, su contrapartida existencial al ratificar un modo de ser que sobredimensiona el presente obnubilando el futuro por la incomodidad de la incertidumbre que lo constituye y de la angustia que lo conmociona, así como por la insoportable aceptación de la muerte a la que apunta. La metafísica de la presencia, al decir de Heidegger, es aquella cifrada en torno a la conversión de la *ousia* en *parousia.* Cambiar el ser por el *ser presente* y alterar toda la riqueza de lo ontológico en su estrechez óntica, cuenta como el gran aliado de aquella transformación que se produce ya bien pronto con Platón. La metafísica de la presencia es el paraguas conceptual que cubre toda orientación filosófica que desatienda a la temporalidad y a la historicidad, para encubrir así el dinamismo y la facticidad. Esta constitución metafísica *presentista* tiene, de este modo, una palabra para el ser humano a quien cercena en su ek-sistencia para hacerlo un ente *subsistente* eliminando su proyectividad y doblegando su existencia a la sola y simple actualidad, caldo de cultivo para esa concepción del tiempo sobre la que se asienta el sistema de la civilización contemporánea y a la que ya nos hemos referido más arriba[76].

---

[76] Cfr. CHILLÓN, J. M. 2024. «El modo metafísico de la teoría del conocimiento. Heidegger y la genealogía del nihilismo», *Apareser. Revista de Filosofía*, 1, pp. 59-70.

VI

EL *TODAVÍA* DE LA LIBERTAD

Vivir es caminar y, entonces, es ir. Nada hay tan insoportable para el hombre que no tener que ir, que estar en pleno reposo, que diría Pascal. Y es a esta dinamicidad existencial a la que ha de imputársele la riqueza de la vida y sus ansias de continuar, sus deseos de seguir o, en términos ahora de Unamuno, su interés por acrecentarse. Ir es siempre ir hacia y ese *hacia* decreta la continuidad del humano quehacer y, por consiguiente, la provisionalidad de todo fracaso, pero, también, la meta volante de cualquier logro. Probablemente esto quiso decir Ortega con su proclamación solemne de que el hombre no tiene naturaleza sino historia. Que el ser humano sea un ser abierto, un ser configurado desde sus posibilidades de ser, no mengua en ningún caso la idea de que el ser humano tenga una naturaleza. Otra cosa es a qué noción de naturaleza nos refiramos. Se trata de advertir que la vida humana, en su ser *in essendo,* contiene las marcas de una suerte de *esencia vagabunda* que niega poseer naturaleza alguna, si por ello se entiende la determinación estática de un ser ya del todo, y reconocer, en cambio, en lo específico del ser humano, una constitución temporal, histórica, perpetuamente en marcha. No se niega, entonces, la naturaleza humana. O quizá —debería decir— no creo que deba negarse, en ningún caso, la naturaleza humana. Más bien, se la rescata de su férreo estatismo e incólume concepto del todo alejado de lo que la experiencia nos dice a cada uno de nuestro propio ser.

Digo, pues, que yo ahora soy conjuntamente futuro y presente. Ese mi futuro ejerce presión sobre el ahora, y de esa presión sobre la circunstancia brota mi

> vida presente. No conviene, pues, que se represente ese futuro, ese «tengo que ser», como refiriéndose a un mañana de reloj que ahora pienso o imagino[…] No es que ustedes vayan a ser o piensen que van a ser filósofos un cierto día del porvenir, sino que lo son ya en esa forma futura pero, a la vez, presente del «tener que ser»[77].

Distinto es que este nuestro ser, en este modo de *tener que ser,* o incluso en la versión de Píndaro del *llegar a ser lo que se es,* sea un juego laberíntico condenado a tener que elegir sin saber ni el qué ni el adónde. Esta es la cuestión que queremos abordar. Y, es que este *todavía no ser* fenomenológico posee evidentes parecidos de familia con el atrayente existencialismo.

Asumamos que hay una verdad en la intención del pensamiento existencialista y es hasta qué punto la existencia humana, en su particularidad e individualidad, en su concreción y libertad, desborda el concepto y agrieta la aparente solidez de todo sistema. La cuestión es si el *por ser* del existir humano tiene que asumir la carga de la nihilidad que parece irle adjunta desde el momento en que la consideración de la vida humana como proyecto, más que enriquecer al ser que somos, abierto a una realización tan reclamante de creatividad como cargada de incertidumbre, la convierte en el preciso lugar de la nada, como si el trayecto de lo abierto por la libertad fuera sinónimo del vacío ante en el que se está. Merece la pena quedarse aquí por un momento.

El *tener que ser*, en sede existencialista, determina la facticidad de la existencia humana que no puede no ser. Al serle imposible no poder no ser, la libertad, que es del todo cierta en el desenvolverse del existir, se muestra en sentido global como una pantomima puesto que, lo verdaderamente decisivo, lo radicalmente importante, le está restringido. El ser humano, que parece poder elegir y de hecho elige indefectiblemente incluso cuando no lo hace, incluso cuando elige no elegir, no tiene en su poder la decisión más fundante, la verdaderamente decisiva: la de ser, la de existir. Desde este punto de vista, ser es prolongar una especie de maldita tarea a la que ni siquiera se nos convida, a la que se nos arroja, y que sólo tiene para sí la posibilidad

---

[77] Ortega y Gasset, *Obras Completas* VIII, 434-435.

de claudicar y ponerse firme a elegir lo único y fundamental que puede hacer ahora: dejar de ser[78]. Obsérvese la paradójica posición de que, en el extremo, el modo auténtico de ser tenga que mostrarse exactamente en su dejar de hacerlo. Así sucede, de hecho, con toda posibilidad: su comprensión exige hacerse cargo de que lo posible, en su posibilidad radical, pueda no ser. Propongo que sigamos la reflexión de Sartre fundamentalmente en capítulo inicial de *El ser y la nada*.

La conciencia —Sartre dixit siguiendo a Husserl— sólo es en su versión, en su ser *afuera,* en su exterioridad en cuanto salida *hacia,* en cuanto tensión *hacia,* en cuanto intencionalidad. El no ser de la conciencia, precisamente por no poder ser objeto para sí misma, la imposibilidad de principio ontológico de que el *para sí* sea un en sí (a no ser que acontezca en nosotros una *mala fe* que nos lleve a traicionarnos sobre lo que podemos ser y sobre el ejercicio auténtico de nuestra libertad) está forjada por esa determinación *apertural* de lo que significa ser consciente. La conciencia es la fuente de la que mana la nada precisamente porque es apertura hacia posibilidades que no son (todavía) y que así explican dimensiones tan constitutivas de lo humano como son las de la creatividad, la innovación, la renovación… La conciencia es entendida ya no como un conjunto de vivencias *en la unidad de su curso,* que habría dicho el maestro de la fenomenología, sino como un haz de imágenes, un plexo de imaginaciones. Y así, además de que la conciencia en su encontrarse vertida hacia las posibilidades, es expresión de la libertad más estricta, refleja la nada que estructura esta conciencia por la cual todo lo que es, es exactamente ese no ser, esa fragilidad ontológica que caracteriza la imagen. La intencionalidad en su determinación ek-sistentiva, en su ser salida y en su exigencia de una direccionalidad allende sí misma, está apuntando siempre al futuro. La apertura de la que hace gala Heidegger en su análisis existencial del ser humano como existencial fundamental, como hemos visto más atrás, ya se conocía en la tradición escolástica de

---

[78] Pero esta posibilidad tampoco arregla las cosas, que diría Camus. En el fondo, darse fin al propio existir no solucionaría nunca el problema mismo de la existencia que, en todo caso, continuaría en los otros.

la *intentio* asumida por Brentano y por Husserl. Ese allende no es sólo una característica del ser consciente, sino algo más. Se trata de una determinación que expresa la esencia de un ser que, en su ser, no es otra cosa sino nada en sí para ser sólo su capacidad de ser exterior, para ser sólo su capacidad de ser en su volcarse hacia afuera. Ser libre lo es por ser posible; ser libre lo es por ser abierto; ser libre lo es por ser *futurizo*. Hemos dedicado el capítulo anterior a todo esto.

La aportación decisiva de *El ser y la nada* a este respecto consiste en advertir que el lugar de la nada es la conciencia en su experiencia de libertad (que es donde se pone de manifiesto que la subjetividad es ante todo negatividad), en su aceptación de que la esencia del ser sí mismo consiste en su existir como ser posible, como tomando conciencia de lo que *todavía no es,* como lo es el porvenir. La libertad es el hontanar de la nada, y como la libertad es lo que es el ser humano (de modo que no hay esencia humana y luego una libertad como facultad que pudiera añadírsele), la nada tiene su origen precisamente ahí donde reside la conciencia de ser. Ontológicamente la libertad y la nada se coimplican. En realidad, que la esencia de este ser que somos sea la libertad de tal manera que sea idéntico ser hombre y ser libre, es el fundamento para que el ser propio sea *siendo*, es decir, *existiendo.* Recuérdese que esta tesis es la que le lleva a un diagnóstico rápido sobre el materialismo que Sartre rechaza justamente por su eliminación de la libertad. El existencialismo, que efectivamente a partir de la conferencia *El existencialismo es un humanismo*[79] se asume como la propuesta filosófica coherente con el ateísmo, encuentra su fundamento radical en la aceptación del papel nuclear de la libertad. Y la libertad es siempre la reclamación del espacio que se da entre el hombre y el mundo, entre la conciencia y la realidad. En suma, la libertad es la experiencia de la posibilidad. Porque es posible que lo que es pueda ser de otra manera, la libertad advierte que, toda su adhesión de conciencia en el ejercicio de su versión reflexiva hacia

---

[79] «Lo que el movimiento existencialista tiene en común es simplemente el hecho de considerar que la existencia precede a la esencia, o si se prefiere, que hay que partir de la subjetividad». Cfr. SARTRE, J. P., *El existencialismo es un humanismo,* p. 27.

las cosas (llámese intencionalidad, exterioridad, trascendencia…) o en la motivación de su acción, tiene su condición de posibilidad en su negatividad, en el *no ser* de lo *todavía por ser*.

La experiencia de la libertad, sostiene Sartre, es la del arrancamiento que la conciencia descubre en su proceso temporal. ¿Qué es lo constitutivo de esta potencia nihilizadora de la conciencia? Que el tiempo posterior no mantiene relaciones de dependencia con el anterior. Que el presente no resulta explicado en su ser por coherencia alguna con el pasado, y que, en definitiva, el futuro no puede descifrarse ateniendo a las premisas que parece imponer el presente. Si pudieran entreverse relaciones de dependencia entre lo sucedido y lo ya acontecido, entre lo sido del pasado y lo inmediato del presente, quedaría en evidencia la fisura que constituye la negación de la subjetividad en la que consiste toda libertad. Cuanto más consciente se es de la posibilidad, más debe descubrirse el abismo argumental y, por supuesto metafísico, entre la posibilidad realizada (futuro) y la realidad de hecho ya acontecida (presente). Esta escisión temporal es la que supone la nada[80]. Todo esto para explicar algo de lo que ya había tomado conciencia la filosofía en su historia en términos de distancia, de tensión, de duda, de interrogación… La libertad es, siguiendo esa bella expresión de Scheler en *El puesto del hombre en el cosmos*, lo que constituye al ser humano como el *eterno protestante ante la realidad*. Al reflexionar cómo toda conducta forma parte de mi posibilidad —advierte Sartre— asumo que, «puesto que ella es mi posible, nada puede obligarme a mantener esa conducta»[81]. La libertad, en cuanto experiencia de la posibilidad, es la posibilidad de decir «no» al mundo, insistiría Scheler. Y esto, además de ser una buena explicación de lo que implicaba la *epojé husserliana*, nos sirve, en mi opinión, para asumir que toda experiencia de libertad —luego toda experiencia humana— se hace poniendo algo fuera de juego, desconectándose de algo para hacer cierta la posibilidad de que lo posible pueda acontecer, es decir, pueda, en suma, no serlo.

---

[80] SARTRE, *El ser y la nada*, p. 72.
[81] *Ibid.*, p. 77.

Sartre concentra toda esa *entreparentesización* del mundo en la capacidad de la libertad para experimentar su propia nada en el decurso temporal de la conciencia, en el abismo que todo presente lleva a cabo con respecto a su pasado. El pasado *ya no es*, y de nada vale establecer puentes de referencia y sobre todo de dependencia. Y, aunque lo sido siga siendo en la memoria, su estructura imaginativa le deniega por naturaleza entidad alguna, lo hemos mencionado arriba. Sin embargo, lo sido *nos es* justamente en su no ser ya. Lo mismo sucede con la nada que el decurso temporal de la conciencia impone sobre el futuro al que tiende el presente. Sartre explica esta cuestión de la temporalidad, a menudo llamada *dialéctica,* como dimensión propia de la acción en la que el futuro toma la posición predominante

> «Yo estoy, por cierto, allí en el porvenir: por cierto, tiendo con todas mis fuerzas hacia aquel que seré dentro de un momento, al doblar ese recodo; y, en este sentido, hay ya una relación entre mi ser futuro y mi ser presente»[82]

El ser humano es libre en el modo de ser su pasado y su futuro, precisamente no siéndolo. Y en ese sentido, puede asumirse que el ser humano no es el que será, por esa falta de continuidad necesaria para que la libertad sea del todo, aunque pueda aceptarse, sin contradicción, que es lo que será precisamente *en el modo de no serlo*. De esta manera, las relaciones de dependencia son del futuro al presente, sin que la recíproca sirva[83]. Este ser lo que *todavía no es* explica también el vértigo de la dependencia del ser al porvenir, del ser a la nada. Y es aquí donde pone su tienda la angustia. Es aquí donde nace la nada que resulta, en definitiva, de las relaciones del ser humano consigo mismo, de los esfuerzos de la conciencia por saberse. ¿Qué puede saber el hombre de sí mismo? Exactamente nada. Puede saber lo que, de hecho, ya ha sido, pero puesto que el presente funciona como acontecer *arrancado* del pasado, la nada, que da cuenta de esa grieta en la coherencia temporal, enmaraña la posibilidad de que el hombre sepa lo que

---

[82]   *Ibid.,* p. 77.

[83]   «El yo que soy depende en sí mismo del yo que no soy todavía, en la medida exacta en que el yo que no soy todavía no depende del yo que soy». *Ibid.,* p. 77.

es. Si la esencia de lo que es el hombre es lo ya sido, como sostiene Sartre, el ser humano vive en el presente sin llegar a saber lo que es precisamente por esa fractura temporal que justifica el fracaso ante la tarea de saberse. Pero es que, además, vive el presente en la angustia de una libertad que le hacer existir cara al futuro en una apertura a la posibilidad sin amarres que dobleguen la incertidumbre ante el porvenir.

Así las cosas, más allá de lo que presuponía la concepción dialéctica de Hegel y la propuesta de Heidegger, la nada ni puede ser producida por el ser ni puede decirse que excluya al ser, puesto que no posee ninguna relación con él[84]. Si nos tomamos en serio la nada, sólo el ser puede ser capaz de *nihilizarse,* sólo el ser puede ser capaz de hacer que la nada sea, sin que esto signifique que la nada sea el reverso del ser o la producción del despliegue del ser, como en Hegel. El ser que puede hacer que la nada «sea», que la nada se presente a las cosas, que sea soportable como nada, no es el *ser en sí,* no puede ser el ser que corresponde a las cosas. Y es en el contexto en el que la ontología de Sartre diferencia el ser de la realidad del ser de la conciencia en el que aparece la nada en el mundo precisamente como lo que surge del modo de ser propio del ser humano cuyo ser queda afectado por esa misma nada que viene al mundo gracias a él.[85] Cuando la conciencia se pone a sí misma como objeto, cuando quiere comprenderse como el enfrente de sí mismo, cuando extrapola la lógica epistémica para con las cosas al respecto del para sí, se hace patente la nada. Y esto porque la conciencia, en este caso, refiere a una trascendencia inmanente, a una intencionalidad que no apunta a exterioridad alguna (mi conciencia, como destino del conocer, ocupa el lugar interior de mi conciencia cognoscente), en un intento de correlación con destino desgraciado, porque la noesis no puede constituir la conciencia como noema. La conciencia, asume Sartre, nunca es *tética de sí misma.*

Lo que está claro es que la nada tiene su lugar filosófico exactamente en el sitio en el que el oráculo délfico señaló el origen y fundamento del auténtico filosofar: el del conocimiento de uno mismo.

---

[84] SARTRE, *El ser y la nada,* p. 65.
[85] *Ibid.,* p. 68.

El hombre, tal y como lo concibe el existencialista, si no es definible, es porque empieza por no ser nada. Sólo será después y será tal y como se haya hecho. Así pues, no hay naturaleza humana, porque no hay dos para concebirla. El hombre es el único que no solo es tal y como se concibe, sino tal y como él se quiere, y como él se concibe después de la existencia[86].

La autoconciencia como problema filosófico que viene acumulando la historia del pensar pasando por hitos como el de san Agustín y sus *Confesiones* motivadas por el «haberme convertido en un problema para mí mismo», continuando por el cogito impersonal y recio de Descartes, hasta la autoconciencia como momento de conocimiento del Espíritu que acaba perdiéndose para recobrarse en la razón en la *Fenomenología del Espíritu* de Hegel, y otros tantos, se revela ahora como el tabernáculo donde el ser y la nada se entienden y se comprenden desde la misma estructura de la conciencia, desde la libertad, y su contraparte afectiva, la angustia. Por eso, toda esta trayectoria muestra que es la reflexión y el pensar los que contienen el *efecto colateral* de hasta qué punto darse cuenta de la libertad es entender en qué medida su modo de arrancarnos del mundo, de desconectarnos del mundo, contiene un movimiento reflejo consistente en volverse al sí mismo. Lo curioso es que somos libres justo porque somos libertad, porque somos en la libertad, porque existimos libres en un periplo constituido temporalmente en cada elección, en cada acción, en cada respuesta, en cada duda, en cada interrogación. Si lo pensamos bien, nunca podemos huir de nosotros, nunca podremos huir de tener que asumir el dato inmediato y verdadero de nuestra libertad que es la angustia[87] y esto porque estamos hablando de nuestro interior al que el pensar no puede quitarle la mirada. Otra cosa es que, sabiéndolo, asumiendo que mi libertad me expone a la nada de mi ser, la rehúya, en un sobresaliente ejercicio de *mala fe*.

Así pues, tanto el existencialismo naciente de Sartre como nuestra propuesta fundada en la tradición fenomenológica, y, curiosamente, la tradición aristotélica en su consideración de cómo el alma, en cuanto principio

---

[86] *El existencialismo* p. 31.
[87] Cfr. *Ibid.*, p. 91.

del cambio, constituye el tiempo por el cual toda *dynamis* implica siempre posibilidades[88], coinciden en cómo el futuro está en el presente. En cómo el futuro, en cuanto *in essendo*, pertenece al *esse* aunque la relación de dependencia sea del primero al segundo.

La cuestión es por qué debemos exigir rendimiento metafísico a la experiencia de la incertidumbre en los términos del no ser. Quizá, aunque este no sea el problema ahora, la conceptualización de lo por ser o de lo ya sido como nada, deja patente, quién lo diría, una exagerada comprensión del ser por parte del existencialismo, una alta y excelsa comprensión del ser fraguada a la lumbre del presente, de lo que es en acto, de lo que es instantáneo, abigarrando demasiado el ser a esa ficción que él denuncia fervientemente como problema derivado de la mala fe.

Y entonces, creo que debemos preguntarnos: ¿por qué lo *por ser* es nada? ¿Se debe identificar la posibilidad con la nada? La clave está en cómo interpretemos el *todavía* que nunca debe comprenderse como un *ya no*. Cuando el *todavía* se comprende desde la perspectiva de la posibilidad, desde el abismo de la incertidumbre, se arroja una pre-comprensión desde el presente en el que, evidentemente, el futuro no es. Pero no es esta la experiencia humana más habitual. De alguna manera nos encontramos llamados por nuestros proyectos, vinculados por lo que buscamos, sostenidos por las esperanzas y los anhelos, haciendo que lo que no es no pueda, en ningún caso, ser asumido en una radical negación y nihilidad absolutas. La incompletud del ser que somos, cierto es, tiene una vertebración temporal que la explica y le da sentido en un pasado vivido sostenido por la memoria y por la continuidad de un existir que quiere advertirse en una coherencia con lo sido, incluso para olvidarlo o transformarlo desde una conversión o cambio, y desde el sentido que da al existir el mañana que repercute en la provisionalidad del presente, siempre en un *hacia* llamado a encontrar plenitud, aunque esta, de hecho, no parezca acontecer del todo. Lo *por ser,*

---

[88] Es una aclaración que expone Rosario Zurro recordando cómo ya las nociones de un esencialista como Aristóteles acerca de la familiaridad entre cambio, posibilidad y futuro nos permitiera leer la *Física* del estagirita desde Sartre, aunque éste quizá nunca leyó al discípulo de Platón. Cfr. Sartre: *¿Pensar contra sí mismo?*, p. 192.

lo *todavía no ser,* sólo es nihilizador efectivamente cuando se ha despojado al ser humano de su sentido, de su destino, de su esperanza. Por ello, el existencialismo de Sartre hace del futuro, en cuanto trayecto de toda libertad, fuente de la nada en una posición del todo coherente con lo que significa despedirse de que el ser humano tenga naturaleza o esencia. Y esto último es lo que, a mi entender, debe ponerse en cuestión.

Si el inicio del hombre es sólo tener que existir sin que esto signifique un ir respondiendo a lo que uno debe ser de acuerdo a lo que es, sin que esto suponga avanzar hacia una realización con la que el ser humano se haya comprometido en la medida en que al realizarla *se realiza;* si el porvenir está tan ciego que lo que uno haga con su libertad resulta imposibilitado de contener juicio alguno sobre su ajuste al *deber ser...* ¿Por qué habría que ser responsable? ¿Cómo puede tener el hombre la responsabilidad *total de la existencia* si nunca podrá saber si tal acción realizada tiene algo que ver con el ser que es? ¿Cómo entender profundamente que todo actuar personal conlleva un compromiso para con los otros, para con la humanidad —sobre el que Sartre insiste— si no hay una *precomprensión* de la dignidad mayor que le cabe al hombre y que sólo la tiene *por serlo*[89]? El ser humano está condenado a ser libre[90] porque no ha decidido acceder a la convocatoria para existir, advierte Sartre. Pero una vez aquí, arrojado, no puede no ser libre, no puede no elegir[91]. ¿Por qué esta sobrevaloración de la existencia se entiende mejor desde esa noción de libertad-condena que desde la idea de la libertad-don? Que no nos hayamos podido dar la existencia a nosotros mismos ¿por qué nos hace más reos de un *fatum* en forma de castigo, que beneficiarios de una gracia, depositarios de un don? Tener que ser constantemente responsable como modo de no poder encontrar reposo a un estar que está llamado al porvenir ¿por qué no queda sostenido por la noción de

---

[89]   «Esta teoría es la única que otorga una dignidad al hombre, la única que no lo convierte en objeto». *El existencialismo,* p. 63.

[90]   *El existencialismo,* p. 43.

[91]   «Una analítica existencial que en lugar de basarse en la angustia lo hiciera en la esperanza, se encontraría con una constitución totalmente distinta de la existencia y hasta con un mundo distinto». Byung-Chul HAN, p. 126.

existir como don gratuito pendiente de una tarea *por hacer* consistente en *tener que ser,* en vez de asediarnos en un sinsentido angustiante de tamañas consecuencias?[92] ¿Por qué afirmaciones tan indiscutibles, en mi opinión, como aquella de que *para obtener una verdad cualquiera sobre mí es necesario que pase por el otro*[93], es decir, que para que mi libertad se reconozca en su ser debe descubrirse dependiente en su relación con la libertad del otro, tienen que ir soportadas por tales compromisos de cerrazón ontológica al ser de este ser que somos tan *continuamente fuera de sí mismo*[94], tan llamado a un desbordamiento, a una donación, a un rebosamiento… tan siempre *por ser,* tan futurizo? Quizá el problema de Sartre, dicho a grandes rasgos, consista en haberse resistido a que, de verdad, el existencialismo sea un humanismo. Pero del todo.

---

[92] «La vida se da al hombre como un don, por tanto, hay una primera experiencia de bendición y de agradecimiento (…) Incluso cuando el sentimiento sea de querer no haber nacido, como le pasó a Job, ese sentimiento trasluce el grito ante algo que no debería ser así, porque la vida es bendición, no sufrimiento ni desgracia (…) La actitud correspondiente al don es la gratitud». E. Justo, *Espiritualidad y política,* pp. 52-54.

[93] *El existencialismo* p. 65.

[94] *El existencialismo* p. 85.

VII

EL *TODAVÍA* DE LA ALTERIDAD

¡A quien se esfuerza en un permanente tender,
a ese podemos salvarlo!

Goethe, *Fausto.*

¿Y si esa noción pre-epistémica de la conciencia que siempre es *conciencia de,* y si esa exterioridad del yo abierta a la condición proyectiva que constituye el emblema de la perspectiva hermenéutica de la fenomenología, y si el futuro, en definitiva, en vez de abrirnos angustiosamente al vacío del sinsentido y de la nada de la libertad, es más una llamada a la plenitud por consistir en una versión hacia el otro donde todo alcanza su principio y la nada se topa con su final? ¿Y si esa vocación fenomenológica por acceder a la trastienda de toda división epistémica en sujeto y objeto (en la que la separación de la teoría del conocimiento haya su fundamento en la relación como legado permanente del *a priori de correlación*) se toma en serio y antes de pensar que el ser es en su estar enfrente de lo otro, se sabe siendo en el encuentro con el otro, en su reciprocidad para con el otro? ¿Y si esa posibilidad de nuestro *todavía no ser* conecta más y mejor con una llamada futuriza a la infinitud impresa en el rostro del prójimo que con la condición finita que esclerotiza el existir mismo en su individualidad mortal, nihilizante y anonadada?

Así se consumaría, en la perspectiva levinasiana, la dimensión moral del futuro que, antes que otra cosa, es llamada a trascenderse a sí, a salir de sí,

no ya hacia las cosas o hacia el mundo, sino, fundamentalmente y originaria-
mente, hacia el otro, verdadero horizonte de infinitud. El éxodo del sí mismo
hacia el otro es un imperativo moral de índole ontológica que transita desde
el *no matarás* al reconocimiento del otro como absoluto. Ser es ser abierto
a la alteridad donde no ha lugar la violencia propia de la totalidad, siempre
asentada en el ego cerrado y encerrado en sí. La totalidad, como categoría
de la metafísica que conceptualiza lo real doblegándolo a la estructura de
un pensar que no soporta los recovecos de la existencia, mantiene parecidos
de familia con el totalitarismo en cuanto modo global de entender la praxis.
Cuando la totalidad toma la palabra, la paz ha perdido toda oportunidad de
ofrecer sus rendimientos al pensar. La guerra está servida como posibilidad
cierta y justificada en su coherencia teórica con el sistema de la razón que
en ningún caso puede hacer sitio, a la vez y con el mismo derecho, al yo y al
tú. ¿Podemos seguir asumiendo el indeleble nexo entre ontología y barbarie?

El futuro de la existencia está apuntando a un *más allá* que excede
incluso, toda idea de bien. Inconmensurable e inefable, todo modo de reba-
sar este modo metafísico exige un abordaje ético que hace de esa exterioridad interpelante del sí mismo el lugar de una auténtica filosofía primera.
El más allá no se puede decir, como sucedía en la ontología platónica con
la idea de Bien y con la experiencia del pueblo de Israel. El absoluto no se
puede nombrar, no se puede objetivar, porque no se puede empequeñecer
sometiéndolo a la parquedad del concepto. Ser es *ser hacia fuera* en una
exterioridad llamada a proyectar su finitud en una constante toma de pos-
tura ante el Otro que se me impone y que me llama a una responsabilidad
por la que todo mi *todavía no ser* se resuelve en un porvenir escatológico
que debe expresarse en cada momento. Y escatológico es aquí el más allá
de toda totalidad cuando queda expuesta a la infinitud insobornable que
el Otro representa. «En la idea de lo infinito se piensa lo que permanece
siempre exterior al pensamiento»[95]. Todo lo que significa este ser que somos
cada uno de nosotros, en su constitutiva versión hacia el rostro del otro, es,
a la vez, una llamada a no objetivarlo, a no convertirlo en un objeto del que

---

[95]   E. LÉVINAS, *Totalidad e infinito*, p. 18.

poder apropiarse. El mandato por excelencia del ser que somos es ese, el de no apropiarse del otro para no tergiversar ni manipular la excedencia del sí mismo que determina el carácter primario de la ética como ontología. Donde la tradición ha escrito apropiación y metafísica, totalidad y sumisión, debe sobrescribirse relación y ética, infinito y hospitalidad. Constituir la objetividad del otro es imponerse sobre él, que es tanto como minimizar —si no neutralizar— toda imposición verdadera: la del otro sobre el sí mismo, que una y otra vez le llama a salir del yo y a acogerlo en las múltiples versiones en las que el absoluto se le presenta. La dotación de las experiencias prefilosóficas que la religión judía aporta a la propuesta de Levinas (como lo había aprendido decididamente de Rosenzweig) nos pone en la dirección de poder pensar, también, la comprensión del tiempo del pueblo de Israel como orden de sentido del existir individual. La tierra prometida que otorga plenitud a la esperanza del pueblo judío, que hace del desierto y del vacío trayecto necesario para la revelación, es un requerimiento constante a renovar una alianza en el lugar que mana leche y miel, que no es lugar ni espacio, sino el rostro del otro. El huérfano, el extranjero, la viuda… son la tierra real adonde toda mirada apunta; el futuro que exige un compromiso escatológico que no traspone el deber en ningún plano distinto al de la existencia real que, por religiosa, es y tiene que ser en su *deber ser* profética.

> Para los judíos, el futuro no se volvió, sin embargo, un tiempo homogéneo y vacío. Pues en él estaba a cada segundo la pequeña puerta por la que podía entrar el Mesías[96].

Desde aquí es insoportable aceptar el compadreo de la razón con el genocidio. Es imposible aceptar el modo de claudicación de la razón ilustrada con el presente momentáneo, con el orden establecido, anulando toda posibilidad de denuncia. El otro desborda la razón y hace patinar al concepto. El otro desborda la totalidad para abrirnos a la infinitud. El otro es, pues, la humanidad que ya no es sólo que vaya siempre conmigo —en el sentido en el que Husserl asume su *llevo siempre a los otros en mí*— sino que me lleva

---

[96]   W., Benjamin, *Sobre el concepto de historia*, p. 152.

siempre con él, que hace de mi yo éxodo constante y de mi tiempo, futuro en el *por ser* siempre pendiente de dar de sí hacia el otro que se me revela como indisponible, que reclama otra lógica para la apertura que constituye moralmente la ontología. El absoluto, al que estoy remitido, encarnado y personalizado en el otro, excede toda voluntad y se desmarca de todo poder, haciendo del futuro el tiempo de la humanidad y convirtiéndola así, a esta misma humanidad, en espacio sagrado. Se impone el otro como se me da lo revelado. La horizontalidad establece la relación impulsada por un mañana escatológico y mesiánico como condición de toda religión. Y de la misma manera, la revelación se impone sin obligar ni doblegar, que siempre son las notas con las que la teoría captura la realidad. El otro se revela en su nunca agotarse, en su reclamación constante, en su *todavía no ser* que conmociona y por eso constituye al *todavía no ser* del yo. El otro es la culminación de la trascendencia donde alcanza su plenitud toda disposición de sentido. El otro es, en realidad, el *más allá* donde la temporalidad del existir encuentra su autenticidad en ese continuo volcarse y remitirse, en esa permanente salida y compromiso del yo para con el tú, para con el otro que toma la iniciativa y provoca, en su infinitud, todo volcado y remisión, toda excedencia y todo don. Pero también nuestro *sí mismo* está llamado a descubrirse en su infinitud precisamente por el reconocimiento de su impotencia, de su indigencia, de su necesidad. Así asume Levinas en *De la evasión*, que la experiencia del ser es una experiencia de impotencia. Y esta impotencia no puede vivirse —prosigue nuestro autor— como una limitación de la condición humana. Toda suficiencia del ser humano está pensada y vivida desde la lógica de las cosas. Esta condición carente del sí mismo no está reclamando un tipo de recompensa que sacie y perfeccione lo que es incompleto y deficitario por naturaleza, sino la evasión y el alivio, la salida de la lógica de la necesidad como vacío que llenar[97]. En la base de la necesidad no hay falta de ser, sino plenitud. De este modo, la infinitud de nuestro ser proviene exactamente de ahí, de la necesidad. La experiencia del ser es una experiencia de impotencia: la fuente de toda necesidad, advierte Levinas.

---

[97]   Cfr. Levinas, *De la evasión,* p. 109.

La metafísica se radicaliza en su incondicional tarea de acoger al otro, en su imperativo moral de hospitalidad donde toda subjetividad abre su perniciosa tendencia monadológica a una relación demandada por el otro, especialmente en su sufrimiento siempre reclamante de redención. La autonomía, y su versión narcisista yególatra, ha dado todo de sí en la degeneración del sujeto en su insurrecta potencia. La autonomía ilustrada no dice quién es el yo, lo oculta. La dependencia de saberse, ya no en la iluminación de ser para que a su luz aparezca el ente —que sostendría Heidegger— sino en la relación con el otro que se me da y me abre, que me interroga y me cuestiona, es ahora la experiencia suprema de la libertad. En suma, donde el futuro se vive anulado en el presente, no hay más que reducción de la incertidumbre y obturación de toda preocupación en el sentido de *solicitud* por el otro. Dotar de certeza lo esencialmente incierto es lo que hace la posesión, el dominio, la violencia… Donde está el otro rezuma el futuro que expresa la novedad de todo lo *por descubrir* que una y otra vez me llama a ser.

Y así, no estaríamos tanto ante el descubrimiento de la dimensión moral del futuro, sino más bien ante la aceptación de la perspectiva futura de toda dimensión moral que, en su radical llamada a ser, se descubre abierta al encuentro y sostenida por la reciprocidad de una relación siempre primera y primaria sobre todas las otras dimensiones del existir. La conciencia de la alteridad constituye, en suma, el tiempo del existir. Levinas, fundamentalmente en *De otro modo de ser o más allá de la esencia*, sitúa al otro en relación con el sí mismo como un momento previo y constitutivo de todo yo, como si la responsabilidad por el otro constituyera esa *proto determinación* que deniega si quiera la posibilidad de no *tener que decir* ante él. Ser uno mismo es estar ya siempre expuesto al otro hombre desde un acto pre-voluntario de una pasividad anterior a toda operación decidida de tipo teórico o práctico. El *ser con* del *ser sí mismo* no es una adjetivación o circunstancialidad añadida, sino que la proximidad del rostro interpelante acontece como constituyente de la entraña del yo en esa inmemorialidad a la que se refiere Levinas para insistir en que la llamada a la responsabilidad no proviene de un mandato pasado que uno pueda rememorar, sino de un *ya siempre serlo* ante el otro.

Otra cosa, y esto es lo que nos interesa, es que todo acto concreto que pone en evidencia la responsabilidad para con el otro, haga de ese acontecimiento de proximidad para con el *prójimo,* un *instante diacrónico:* el momento determinado en el que la realización de aquel mandato inmemorial de responsabilidad se lleva a cabo en la experiencia concreta y particular, anticipando así el reino del bien como tarea infinita. Aquí, al instante se le expolia la sincronía característica de su ser sin duración, para entrar en la diacronía en la que, según creo, se expande el tiempo precisamente porque lo concreto de la responsabilidad para con el prójimo, el deber realizado situado cronológicamente en el ahora, trae a la realización aquel pasado inmemorial de llamada a cuidar al semejante, y adelanta escatológicamente el reino infinito donde el bien acontece en toda su holgura y espesor. El instante diacrónico, en mi opinión, condensa el originario mandato interpelador del yo: *dónde está tu hermano,* y el futuro mesiánico anticipado en la deuda infinita para con el bien del otro. El instante diacrónico en el que se pone de manifiesto la asignación constituyente del sí mismo a la responsabilidad inmemorial e infinita para con el otro (incluso en posibilidades reales de desviación de esa tarea, por ejemplo, en la instrumentalización del ser humano, en los actos de violencia, en los campos de concentración, torturas… en los que se muestra, en palabras de Chrétien, el acto de profanación para con el otro[98]) tiene esa potencia de expandir y condensar y, por tanto, de exceder, en la vivencia del tiempo, el puro presente en esa manera de dar vida.

---

[98]   J. L. CHRÉTIEN, p. 25.

VIII

EL *TODAVÍA* DE LA EXPERIENCIA RELIGIOSA

El privilegio del presente como tiempo de la experiencia humana no ha sido en balde. Sobre esta aparentemente ingenua constatación que enhebra todas las concepciones del tiempo de la filosofía se asientan concepciones de la existencia que no hacen justicia a este ente que somos, siempre tan *por ser*, constituido esencialmente por el cuidado y orientado hacia el futuro, verdadera fuente de sentido[99]. En la facticidad de la vida religiosa de donde Heidegger extrae nociones genuinas del existir —vayamos ahora a Pablo— acontece la necesaria subversión de los modos habituales de existir, según se esté del lado de la sabiduría del mundo (*sofía sarkikhé*) o, por el contrario, de la necedad y del escándalo de la cruz. La experiencia cristiana se presenta, entonces, como una auténtica experiencia fáctica de la vida (*faktische Lebenserfahrung*) con una porosidad tal que nunca se *deja decir* por el concepto[100]. De esta manera, la vivencia del tiempo del cristia-

---

[99] La hipótesis que maneja Koselleck es que, en la determinación de la diferencia entre pasado y futuro, entre experiencia y expectativa, se puede concebir algo así como el tiempo histórico. Cfr. R. Koselleck, *Futuro pasado,* p. 15. Y así, la pareja de conceptos *experiencia* y *horizonte de expectativa* indican la condición humana universal, remiten a la temporalidad del ser humano. Cfr. 336.

[100] La vivencia, y en especial la vivencia religiosa, no *pone* (en el sentido teórico-fenomenológico del carácter tético de la conciencia husserliana) sino que acontece. Que la vida humana (dirigida por la fe que le da sentido) no se pliegue a las exigencias sistemáticas de la teoría, no la hace caer en la irracionalidad, sino que, más bien, está reclamando una captación

nismo primitivo termina funcionando, esta es la clave para nosotros, como *indicación formal* del intento de comprender el *cómo* de la existencia *de este ente que somos*. Y termina siéndolo por la especial carga emocional de una existencia cargada de disposiciones emocionales como las de la tribulación, el gozo, la esperanza...

Podemos, pues, situarnos en la línea de Heidegger para quien la experiencia del cristianismo primitivo es una experiencia de la vida fáctica y un paradigma para la tarea de la filosofía en este giro hermenéutico que procede hacer en la fenomenología desde el momento en que el saber primordial es el saber de la vida en la que *ya siempre* estamos y a cuyas significatividades nos incorporamos exactamente a la manea en la que estamos *familiarizados con*[101]. La historia de la teología es, sin embargo, la historia del olvido de esa riqueza y vivacidad inicial (*urchristlichen Lebenserfahrung*)[102], de esa ingenuidad creyente y a flor de piel, de esa experiencia de fe enriquecida ajena a la conceptualización y a la dogmática posterior. La teología ha abundado en su determinación teórica precisamente cuando se ha dejado encorsetar por la metafísica que ha permeado el pensamiento occidental. El cristianismo dogmático y su deshistorización y desmundanización (*Entgeschichtligung und Entweltung*) de la facticidad es tan solo una de las consecuencias de aquel *olvido del ser* tan vertebrador de la historia de la filosofía en cuanto *Seinsgeschichte*, en cuanto historia del ser.

Volver a las cosas mismas es, ahora, volver a pensar lo no pensado mediante un desmantelamiento de la metafísica que implica, siguiendo el doble sentido de *Verwindung*, tanto *reponerse* de la propia metafísica como *remontar* la metafísica para volver a pensar su origen. Desmantelar la teo-

---

fenomenológico-hermenéutica que se haga cargo de la vitalidad de esa facticidad de la experiencia creyente constituida históricamente en un dinamismo que pasa desapercibido para una posible y exclusiva aproximación teórica.

[101] Tomamos algunas líneas generales de nuestro trabajo «Escatología y mesianismo en Heidegger. Una interpretación desde san Pablo». Por cierto, algunos autores creen que la influencia paulina en Heidegger llega incluso a fundar su antisemitismo, cada vez más evidente después de la publicación de los *Schwarze Hefte*.

[102] M. HEIDEGGER, *Introducción a la fenomenología de la religión*, p. 105.

logía[103] supone, pues, quitar toda la costra dogmática y recuperar el ardor de la vivencia religiosa tal y como fue experimentada en los albores del cristianismo con esa reclamación de los derechos de la interioridad como la manera privilegiada de *ser en el mundo* del cristiano. La tarea de la fenomenología de la vida religiosa (que *formalmente indica* lo que quiere decirse con la existencia aquí, ahora y así, con el *existir y tener que existir*) consiste, en suma, en detectar la huella de esta vivencia originaria a través de la relectura, de la meditación de los textos y de la asimilación crítica de su dogmática[104]. Necesitamos saber qué significa, para la filosofía heideggeriana que el tiempo haya quedado abreviado y cuáles son las implicaciones hermenéutico-fenomenológicas que acontecen cuando, por decirlo con palabras de Giorgio Agamben en *El tiempo que resta,* se comprende el *kairós* como la interioridad del *kronos*[105].

El tiempo del creyente ha quedado abreviado: Ho kairós sunestalménos. Así lo advierte Pablo en 1Cor 7, 29-32 y en él se apoya Agamben, lector de Benjamin, al asumir que el tiempo condensado o acortado en el que transcurre la vida de los creyentes «irrumpe y desbarata el tiempo cronológico»[106]. El tiempo necesariamente resulta comprimido por una vivencia, la del kerygma, la del evangelio que proclama que el final escatológico, la parusía, el cumplimiento de la promesa está ya próximo. ¿En dónde puede asentarse

---

[103] La misma vida de Pablo es definida por Heidegger de un modo preteorético respecto de la vida entendida como mera secuencia de vivencias. Cf. Heidegger, *Introducción a la fenomenología de la religión,* p. 129. Así pues, Heidegger inaugura toda una línea de pensamiento contemporáneo que rescata la decisiva influencia paulina en la filosofía continental (Agamben, Zizek, Badiou, Sloterdijk…). Se puede ver, a este respecto, el trabajo de Caputo y Martin Alcoff (eds.), *St. Paul among the philosophers.*

[104] Es Capelle el que insiste, ya en las primeras páginas de su trabajo *Filosofía y teología en el pensamiento de M. Heidegger,* en que el cristianismo es el nutriente existencial y especulativo a partir del cual se han hecho posibles las determinaciones del itinerario intelectual del filósofo de Messkirch.

[105] Así recuerda Agamben que la más bella definición del *kairós* la tenemos en el *Corpus Hippocraticum:* «El tiempo es aquello en lo que hay kairós y kairós es aquello en lo que hay poco tiempo». G. Agamben, *El tiempo que resta,* p. 73.

[106] O. J. Loland, *El apóstol de los ateos. Pablo en la filosofía contemporánea,* p. 127.

la fe? ¿En la promesa o en la proximidad? ¿En la confianza en la palabra del que *volverá en su gloria,* o en el hecho de estar ya a las puertas de ese acontecimiento definitivo? Muchas comunidades se habían encontrado con dificultades para entender este mensaje. Lo cierto es que la inminencia de la segunda venida no apelaba a una determinación cronológica concreta, sino a una vivencia muy precisa de ese *mientras tanto.* De ahí que las epístolas paulinas hayan sido un caladero ingente de trabajo fenomenológico precisamente por esta proto-comprensión de lo que podría adelantar ya la dimensión interna del tiempo.

Pues bien, partamos ya de la idea de que, esta manera de vivir el tiempo de la *ekklesia,* de la comunidad que se prolonga desde la experiencia de la resurrección transmitida por la predicación de los apóstoles hasta la segunda venida, es a la que Pablo denomina *kairós.* ¿Es el instante? Sí, pero no sólo. Es, en nuestra opinión, el tiempo cargado de sentido por la vivencia de la fe en la concreción de la experiencia real. Por ello, este rendimiento de sentido es el que invita a una re-alfabetización de lo que significa el mundo, la sabiduría, la carne… Porque el *kairós* es la experiencia del sinsentido del puro presente precisamente por su mirada allende las cosas, por su perspectiva futura, por su convicción fundada en el cumplimiento pendiente de darse del todo. Que el *kairós* ponga a la existencia concreta cara a cara ante el futuro es lo que, según mencionaremos, termina sorprendiendo a Heidegger.

Pero también el *kairós* es la experiencia de lo que ahora toca vivir recargando, por decirlo así, las significatividades comunes del mundo; la experiencia de la contingencia de todo lo que es porque su aparente solidez está debilitada en su entidad transeúnte; la experiencia de un modo de vida que no puede pasar del mundo ni de la carne (pues son condición de posibilidad de la salvación) sin que eso implique una tentación de caída en lo mundano. Es aquí donde podemos ver la doble concepción escatológica y mesiánica del tiempo concentrada en la espesura del *kairós* sin la que no puede comprenderse qué significa para el cristiano tener que *vivir en el mundo sin ser del mundo.*

Nuestra propuesta es que, tanto la preocupación de los de Tesalónica por la segunda venida (*parousía*) y su mirada puesta, entonces, en la promesa que parece estar próxima, como la re-semantización que esa vivencia del tiempo imprime a todos los demás insumos de la experiencia mundana ahora, aquí, en el presente de comunidades como la de Corinto, forman parte de las dos comprensiones que, aun alternativas, son del todo complementarias para entender la experiencia religiosa desde la idea paulina del tiempo. La experiencia del *kairós* comienza siendo de una vitalidad tal que Pablo no puede por menos de vincularla constantemente con determinadas situaciones problemáticas que atraviesan sus comunidades.

Y es esta experiencia concreta y particular la que, según trataré de argumentar, pudo haber servido a Heidegger para alentar esas dos concepciones del tiempo que se dan, también en nuestra opinión, en las dos fases de su pensamiento: la escatológica, en la que encuentra el de Messkirch el modelo de lo que significa vivir a sabiendas de un futuro, la muerte, que coartará las posibilidades de ser de este ente al llegar *como ladrón en la noche,* y la mesiánica, la que llama a otro modo de vida derivado del otro modo de pensar (ahora que el hombre se sabe a la luz del ser en una expectativa pendiente *del dios que ha de venir),* una vez que toda solución posible parece poder darse, en el tiempo de la técnica, sólo desde la hechura de lo humano cuyos nefastos resultados ya estamos padeciendo. En todo caso, las dos dimensiones acentúan de una u otra manera el *todavía no ser* de nuestro modo de ser.

Las comunidades se han ido constituyendo desde la experiencia del kerygma como experiencia de fe compartida que genera una determinada familiaridad en el trato con lo religioso para los creyentes que se incorporan a ese mundo compartido que provoca la experiencia pascual. La comunidad ha llegado a ser (*genesthai*) y se ha fortalecido en la tribulación, en esa debilidad que va irremediablemente unida a la aceptación de la proclamación del evangelio. Esta facticidad atribulada se torna en la alegría necesaria para sobrellevar los sufrimientos presentes[107]. Ese es el talante de la comunidad que opera en el *cómo del comportarse* de la vida fáctica al modo como lo ha hecho Pablo, según la interpretación heideggeriana. Cada creyente recibe de la comunidad la impronta del espíritu precisamente al participar de ese

---

[107]   Y no sólo sobrellevarlos sino asumirlos siguiendo el agustiniano *nemo quod tolerat amat, etsi tolerare amat* (*Conf.* X, 28, 39). Cf. Heidegger, *Agustín y el neoplatonismo,* p. 59.

mundo compartido que es la experiencia comunitaria de la fe. Y si la tribulación connota el presente que se vive en la expectativa que viene, la alegría no puede resultar del ahora sino del *kairós*, de la esperanza en la redención definitiva que pone su foco en el mañana soteriológico anticipando, en el ahora que ha de vivirse, el mañana que *ardientemente se espera,* lo veremos enseguida. Sólo el futuro (y la promesa de cumplimiento vivida como certeza) compensa la tribulación, la *thlipsis,* esto es, el sufrimiento que el cristiano padece por el propio hecho de serlo, porque se sigue sintiendo como luz que viene a la tiniebla y que los *suyos* siguen *no recibiendo,* según el célebre prólogo del cuarto evangelio.

Para la pregunta por *el cuándo* de la promesa sólo hay una respuesta: *la del cómo* de la existencia. Y esto es, para Heidegger, de una maestría fenomenológica capital. El sufrimiento, la persecución o el dolor no son algo accidental al cristiano, sino que forman parte de lo sustancial de la facticidad de su existencia. Las primeras comunidades paulinas son también el ejemplo de esta facticidad afectiva que no puede desconectar el qué de su esperanza del cómo de su experiencia[108]. Recuérdese, a este respecto, cómo para el Heidegger de *Ser y Tiempo* la comprensión de lo que somos cada uno de nosotros tiene siempre como contenido primario la descripción de *cómo nos va* en el mundo. Somos y estamos *afectivamente* en el mundo, hasta llegar a considerar que estos modos afectivos son el certificado de la facticidad y la puerta que da el acceso a la ontología, del todo alternativa a la teoría constituida en metafísica, acabamos de insistir en ello.

La vida cristiana, volviendo otra vez a Pablo, tiene que decidirse permanentemente a volverse a Dios (*Hinwendung*) mediante un giro hacia el *sí mismo* de cada uno y a su interior. Y por esa misma decisión, debe huir de los ídolos que tientan la existencia cristiana y que provocan la dispersión en las cosas del mundo. La promesa alimenta la fe; la certeza de su cumplimiento la mantiene firme. ¿Cuándo se hará efectiva? ¿Vendrá pronto la

---

[108] A esa experiencia práctica, entendiendo por ello la experiencia preteórica, apela Pablo en la despedida de la carta (1Tes 5, 23), mediante el concepto de *holóklheros,* que sólo aparece ahí y en la de Santiago, para referirse a la integridad, a la coherencia perfecta del *cómo* de su vida.

salvación definitiva? Si el apóstol comprometiera su palabra en fechar la venida definitiva del Señor, estaría tergiversando un mensaje que va por otros derroteros. Si la esperanza cristiana fuera una cuestión cronológica, nada de lo vivido, nada de lo histórico, ni siquiera el presente en el que se está, tendría algún tipo de valor. Sin embargo, la esperanza cristiana —en palabras de Heidegger— vive el tiempo (*lebt die Zeitlichkeit*) sin abominar de él. Para las primeras comunidades —y esto es de una relevancia fenomenológica sobresaliente— cada momento es tiempo de salvación, esto es, cada momento tiene una contraparte en la vivencia que le otorga una densidad genuina e irrepetible. La historicidad que intrínsecamente constituye esa facticidad existencial, ese modo de ser creyente, está ligada al *haber sido* de la encarnación de Dios desde el *haber de ser* del día final, recolocando así los éxtasis temporales habituales. El futuro, al que el proyecto existencial apunta, desautoriza la pretensión de autenticidad de una vida sólo vivida en el presente. Precisamente, pues, esta reorientación del tiempo vivido motiva, después, la comprensión de la temporalidad en *Ser y Tiempo*.

En perspectiva heideggeriana podríamos sostener que la comunidad de Tesalónica maneja un concepto vulgar y cotidiano del tiempo de la existencia (comprendido como databilidad) como un *in essendo* constante que apunta hacia un final cuya certeza alimenta la fe: la parousía está por venir. Sin embargo, eso no es suficiente para captar la novedad de la experiencia cristiana. A partir de la experiencia cotidiana del tiempo como mera cronología, debe captarse el *kairós* que preñará de sentido el ahora cuya provisionalidad le viene por ser, tan sólo, el *mientras tanto*. Todo lo vivido deja de tener sentido en sí mismo y acusa una relatividad que tensa la vida hacia aquello que se espera. Esta experiencia del cristianismo primitivo, en la perspectiva hermenéutico-fenomenológica de Heidegger, es la experiencia vivida de la *Zeitlichkeit,* de la temporalidad, de cómo el futuro estuvo ya en el pasado y va siendo en el presente. Un futuro que determina el sentido del ser del ente que somos cada uno de nosotros. Un futuro que, leído desde la analítica existencial, proyecta el ser humano a su existencial ser *para la muerte*.

De la experiencia cotidiana de la muerte al análisis filosófico de la misma sólo hay, entonces, una diferencia: el tiempo en esa perspectiva fenomenológica. Sólo la concepción de la temporalidad, en la reestructuración de los éxtasis temporales de los que la experiencia de las comunidades paulinas dan buen ejemplo, permite avistar existencialmente cómo la posibilidad última de este ente *se hace presente en el más acá*. La manera en la que el ser humano debe tener en cuenta esa concepción de la muerte (como parte ingrediente de una vida que pone su objetivo existencial en el futuro que contiene resonancias tanto de proyecto como de final) es el *estar vuelto hacia ella* o el *adelantarse hasta la posibilidad* [109]. Y por eso, existencialmente, ese *estar vuelto al fin* supera el *por el momento todavía no*[110] de la inminencia de la muerte tan característico de la vida cotidiana que, en el fondo, supone una constante *huida ante ella*[111].

Aquí radica la clave fundamental que determina la propiedad de la existencia: la capacidad de asumir la muerte, no con la certeza con la que ordinariamente *se sabe* que hay que morir (obsérvese que utilizamos la fórmula impersonal y, por tanto, ordinaria e impropia), sino con la aceptación de cómo toda la existencia presente vive de la inminencia de aquello que está determinando la posibilidad más propia del Dasein[112].

El *estar vuelto hacia la muerte* lleva a incorporar el significado del *dejar de vivir* que constantemente evita *el uno* en esa búsqueda permanente *de tranquilidad respecto de la muerte*[113]. Sin embargo, la experiencia del *dejar de vivir* debe llevarse a cabo como una vivencia que adelanta, en el aquí existencial, la posibilidad más propia que, aunque todavía no está, de algún modo *ya está siendo sida*[114].

Es lo que pidió Pablo a sus comunidades y es lo que, en nuestra opinión, ofrece como novedad el *kairós*: la posibilidad de vivir anticipadamente la

---

[109] SZ, p. 278. Ese *estar vuelto* es el que funda la *historicidad del Dasein*. Cfr. SZ, p. 399.

[110] SZ, p. 274.

[111] Cfr. SZ, p. 271.

[112] «La certeza indeterminada de la más propia posibilidad del ser relativamente al fin», HEIDEGGER, *Prolegómenos para una historia del concepto de tiempo*, p. 43.

[113] SZ, p. 270.

[114] Si se mira bien, esta es la misma estructura del cuidado: *anticiparse-a-sí-estando-ya* (*Sich-vorweg-schon-sein-in*). Y es este anticiparse el que apunta ya al *no todavía* entendido como un *estar vuelto hacia el fin*. Cfr. SZ, p. 332.

experiencia del final como es propio de una existencia que sabe de la nulidad del presente. Esta vivencia de anticipación existencial del futuro es lo que en la analítica de *Ser y Tiempo* se ha llamado el *proyectarse* del que depende el *más propio poder ser* de este ente. Es la *resolución (Entscholossenheit)*, en cuanto *eigentliches Selbstsein des Dasein*[115], la que le permite volver a la vida ordinaria y comprobar cuán perdido se haya *el uno* envuelto en proyectos que no son otra cosa que ilusiones que transfiguran su libertad; de la misma manera que ya Pablo advirtió cuán perdido se hallaba el cristiano y la comunidad cuando se dejaban llevar por la sabiduría mundana (*sofia tou kosmou*) que, como se aprecia en 1Cor 3, terminaba por contagiar la lógica propia de la fe.

Resuelto el ser de este ente, se encuentra no tanto soportando el final (con el consiguiente manejo de diversas estrategias para desinhibirse de él), sino *libre para la muerte*[116]. Una libertad que desenreda al hombre de su impropiedad en el mismo momento en que el ser humano vuelve sobre sí mismo y, al recuperar su ser *propio*, repara lo que hasta ahora había sido el *dejarse llevar* y su adjunta *falta de elección*.

La manera impropia de vivir es una forma de esclavitud por ser una evidente expresión de qué significa existir sin ser consciente de la libertad con la que el ser humano se enfrenta a la tarea de ser *sí mismo*, tarea que Pablo había ejemplarizado en esa reclamación a los Corintios para que se vuelvan al hombre interior (*ho eso ánthropos*). La paz y la seguridad (1Tes 5, 3) que promete el mundo y que representa el *cómo del comportarse con lo que en la vida fáctica sale al encuentro* adelanta, en Pablo, la existencia inauténtica, la actitud de quienes en su esperar se han visto absorbidos por lo que la vida les procura.

Todavía hoy el mundo promete paz y seguridad para redimir al ser humano de toda angustia. Pero, para el análisis existencial y, como atestiguan los textos paulinos, también para la experiencia religiosa, la angustia es precisamente el modo del encontrarse del *ser en el mundo* que descubre con inquietud que a uno le va *inhóspitamente: es wird einem unheimlich*. La

---

[115] SZ, p. 313.
[116] SZ, p. 282.

95

angustia recuerda que el habitar o el estar familiarizado del *ser en* del *ser en el mundo* no da pábulo a toda seguridad, sino que siempre el *ser en* está como no estando *en casa*. La autenticidad del ser humano consiste en saber y aceptar que no tiene un sitio donde *reclinar la cabeza*.

También lo insoportable del desasosiego constitutivo del bregar cristiano pesaba como una losa que el mundo prometía liberar mediante formas cada vez más sutiles de esclavitud, como denunciaba Pablo. Pero la inseguridad, la falta de certeza y la inquietud formaban parte de las significatividades del mundo de la comunidad al que se incorpora el cristiano donde se encuentran tribulaciones, necesidades, azotes, cárceles, sediciones, fatigas, desvelos... (2Cor 6, 4). El mundo es un lugar, pero no es su hogar; no es su patria porque el cristiano espera *un cielo nuevo y una tierra nueva donde habite su justicia*. Vivir con esperanza, con la esperanza auténtica, exige poner los ojos en las cosas sin quedar fija la mirada. Esa provisionalidad del hombre con el mundo no es fácil de sobrellevar si no es desde la vivencia escatológica que constantemente recuerda al *ser en el mundo* que su existencia *no es del mundo*. Vivir en el tiempo, esta es la clave, es vivir cegado para la temporalidad.

Aquella perspectiva escatológica del *kairós* enfrentaba al creyente al futuro donde toda plenitud mundana resulta vana, donde todo hartazgo de placer deviene vaciedad y donde toda ganancia humana es considerada pérdida. Pero la perspectiva del futuro debía proyectar su potencia en el presente que toma la forma de un *mientras tanto*, de un *todavía no* respecto del *ya* acontecido, de un *ahora* que es *tránsito* pero que debe ser vivido con radicalidad. Ahora es el tiempo favorable (*nun kairós euprósdektos*, 2 Cor 6, 2), ahora es el momento preciso en el que el cristiano tiene ante sí la oportunidad de vivir, porque hoy es también el día de la salvación (*heméra soterías*). De otra manera, si cada momento del hoy no tuviera la misma oportunidad para mostrar la salvación del cristiano en el mundo, el *mientras tanto* de cada día ya no tendría ocasión para vivir la fe con la misma vivacidad que en los primeros tiempos, y entonces la experiencia post pascual de la comunidad no tendría siquiera sentido.

Para la comunidad y para cada creyente cada momento es, entonces, acontecimiento, es rendimiento existencial que da autenticidad a su existencia cristiana siempre que se viva en esa tensión que relativiza lo mundano

EL TODAVÍA DE LA EXPERIENCIA RELIGIOSA

trastocando su significatividad, tal y como se quiere expresar en el *como si no*. Por eso el *kairós* es el instante siempre que por tal se entienda no la intensidad momentánea, pasajera e inaprensible de un puro pasar presente que se diluye en el tris de su suceder, sino, de algún modo, como apuntábamos al principio, un instante ensanchado, un momento experiencial ampliado, una ocasión para la vivencia que da *tiempo al tiempo*[117].

Pero sigamos todavía con Pablo. Las epístolas animan a vivir de otra manera. El cristiano debe ser consciente del *kairós* en el que vive. El *kairós* cristiano es asumido por la fenomenología como el instante del fenómeno originario de la temporalidad originaria. Un instante, un momento oportuno, que Aristóteles ya intuyó en el libro VI de *Ética a Nicómaco* y que es esencial para la determinación de la vida práctica: hacer lo que debe hacerse en el momento oportuno en el que debe hacerse[118]. El instante (*Augenblick*) es «el presente que se mantiene en el estar resuelto y surge de él»[119]. La comunidad se hace cargo de esta temporalidad de la vivencia interior exactamente cuando se ocupa de saber *su haber llegado a ser* que a Heidegger le parece de una riqueza fenomenológica y hermenéutica sobresaliente. A este saber es al que Pablo apeló para recordar a la comunidad de Tesalónica que el tiempo de la salvación no tiene que ver con los tiempos del mundo. Pues bien, sólo haciendo memoria de la historia de la fe, sólo con tomar conciencia de la historicidad de su experiencia creyente, podrá reconocerse cómo la comunidad se ha constituido al suspender los habituales significados del mundo para cargarlos de un nuevo sentido de modo que puedan ser vividos *de otra manera*.

---

[117]   «El tiempo mesiánico es el tiempo que el tiempo nos da para acabar. El tiempo que empleamos para realizar la conclusión, para completar nuestra representación del tiempo». AGAMBEN, p. 72.

[118]   «Los griegos tienen un nombre para designar esta coincidencia de la acción humana y del tiempo, que hace que el tiempo sea propicio y la acción buena: es el Kairós, la ocasión favorable, el tiempo oportuno» P., AUBENQUE, *La prudencia en Aristóteles*, p. 113.

[119]   HEIDEGGER, M., *Los problemas fundamentales de la fenomenología*, p. 345. Para una mayor profundización, cf. HAAR, M., «Le moment (kairós), l'instant (Augenblick) et le temps du monde (Weltzeit) en Heidegger 1919-1929».

La novedad de la vivencia cristiana, como modo de configuración de la existencia toda, no aporta una capacidad superior para comprender significaciones del mundo que otros no ven, ni siquiera para descubrir otros contenidos distintos, sino para dar otro sentido a esos significados cotidianos. La vida de la fe depende, pues, de una genuina donación de sentido que permitirá considerar su *ser en el mundo*, más que como el modo del cotidiano de desenvolver su vida, como la ocasión para experimentar la autenticidad del existir. Por eso, por medio de esta recuperación de su *haber llegado a ser* (cuyo olvido puede contar entre las causas más sobresalientes del abandono de su conversión *de los ídolos al Dios verdadero*) las comunidades podrán revivir aquella manera de trastocar la sabiduría del mundo (*sofía sarkikhé*) para optar por la *haplóthes kaí eilikrinhés* (2 Cor 1, 12), por la sencillez y la sinceridad, por la generosidad y la pureza.

Dos lecciones fenomenológicas, en nuestra opinión, nacen de aquí. En primer lugar, que la fe toca la existencia en el *cómo de su vivir*, esto es, en la carga afectiva con la que el creyente *se las ha* con su mundo (propio, común y compartido) con todo lo que esto significa para la comprensión de la *facticidad del encontrarse* heideggeriana, como apuntábamos antes. Y, en segundo lugar, que la transformación de los rendimientos mundanos, su modo de *entreparentesizarlos,* invierte los valores habitualmente reconocidos poniéndolos patas arriba precisamente por la insistencia permanente en la vivencia interior que rechaza la hegemonía de las significaciones cotidianas. Por eso la fe, aun siendo para el mundo, nunca va a acomodarse al mundo. La sabiduría de la fe no provoca la *phisiosis* (1Cor 8, 1) que inflama el orgullo personal en la arrogancia del que sabe lo que otros desconocen, sino la *astheneia,* la debilidad que padece en su existencia concreta y personal la misma cruz que proclama, pero también la debilidad ontológica que la visión de la fe proyecta sobre todo lo otro y su inherente caducidad.

El *kairós* es, pues, el tiempo que nos queda, el tiempo remanente, lo que Agamben denomina *la situación mesiánica por excelencia*[120]. Con lo cual, parece que se ve bien que el tiempo mesiánico, el *kairós* del ahora de la salva-

---

[120]   Cfr. AGAMBEN, p. 20.

ción, debe manejar la doble dimensión de la experiencia vivida de plenitud en cada ocasión, con la contracción del tiempo propia de la provisionalidad de la esperanza[121]. Algo que se entiende mejor si profundizamos en lo que fenomenológicamente significa vivir *hos me, como si no.*

Este *como si no* (*als ob nicht*) es la respuesta de Pablo a la pregunta siguiente: ¿Cómo tiene que vivir la comunidad este *mientras tanto*? ¿Cómo ha de vivirse la esperanza de la *parusía* en el ya de la existencia? Viviendo plenamente en el mundo, viviendo las cosas del mundo, pero no según el mundo[122]. Las comunidades deben considerar su grado de compromiso con este momento concreto que les toca vivir y al que Heidegger insiste en presentar como modelo de lo que la hermenéutica fenomenológica quiere decir con *facticidad.*

Es verdad que estamos atribulados, reconoce Pablo. Es evidente que nos descubrimos perplejos, que nos encontramos perseguidos y que nos sentimos derribados, pero, aun así, podemos vivir plenamente la experiencia de la fe porque todavía no estamos aplastados, ni desesperados, ni tampoco abandonados, ni mucho menos aniquilados (2Cor 4, 8). En esta segunda faz de resistencia, que muestra cuán fuerte es la firmeza de la fe a pesar de la debilidad humana, reside, según nuestra propuesta, la *disposición afectiva* del mesianismo kairológico.

¿Cuál es el aspecto fundamental que determina el grado de compromiso del cristiano con esa temporalidad del advenir definitivo? El cuidado para con el mundo circundante. 1Cor 7, 32 sostiene que el cuidado es el sentido básico de la vida cristiana que, al menos, tiene que ver con la preocupación por las cosas del Señor y por las cosas del mundo. Pero hay otro contenido

---

[121]   «El tiempo mesiánico, que no es el tiempo apocalíptico, no es el final del tiempo, sino el tiempo del final. Lo que interesa al apóstol no es el último día, no es el instante en el que concluye el tiempo, sino el tiempo que se contrae y comienza a acabarse». *Ibid.,* p. 68.

[122]   «*Como si* expresa un complejo objetual y sugiere la idea de que el cristiano debe desactivar esas referencias al mundo circundante. Este *hos* significa positivamente un nuevo destino que se añade. El *me* concierne al complejo ejecutivo de la vida cristiana. La vida cristiana no es rectilínea sino quebrada». HEIDEGGER, *Introducción a la fenomenología de la religión*, p. 149. Pablo, en 2 Cor 10, 3 explica este *como si no* así: la diferencia entre *vivir en la carne* (*en sarki*) y *según la carne* (*katá sárka*).

fenomenológico del *como si no* que puede tener una mayor densidad hermenéutica para lo que queremos sostener. Y es que, en esa donación de sentido al mundo que provoca la relativización de lo mundano en su apariencia de absoluto y, por tanto, su caducidad, el cristiano descubre que el mundo es todo lo que el creyente tiene para salvarse (de hecho, el cristiano no puede salir del mundo 1Cor 5, 10) aunque el mundo no sea, sin embargo, la salvación.

¿Por qué en el mundo no puede estar *toda la salvación?* Porque al reconocer su caducidad (*la figura del mundo pasa*) se está asumiendo, no que de hecho lo mundano ya esté desapareciendo o acusando de derribo, sino lo relevante para el pensar: que en su ser contenga la *posibilidad de desaparecer*, y por eso pueda ser vivido en el modo tan genuinamente fenomenológico de la suspensión. Es una idea que explica con espléndida maestría Marion:

> La posibilidad de caer atraviesa lo caduco incluso, y especialmente, cuando no cae; aparece caduco justamente porque no cae en ese instante, aunque podrá y deberá. Su presencia presente se satura con su abolición (…) la cosa solo resiste a su desaparición para subrayar mejor que la posibilidad misma de desaparecer la define; así, el hecho de permanecer no contradice la posibilidad misma de desaparición, sino sólo su efectividad[123].

Que todo lo mundano pase es mucho más profundo que asumir su cancelación y eliminación. Estamos, pues, ante los rendimientos existenciales de la vivencia de la posibilidad de que todo, absolutamente todo, pueda evanescerse en su permanencia ontológica, en la consciencia de su posible no ser[124]. Pues bien, en esa distancia existencial con la que el cristiano debe

---

[123] J. L. MARION, *Dios sin el ser,* p. 178. Agamben señala, a este respecto, la importancia decisiva del verbo *katargéo* con el que Pablo se refiere a la inoperancia de la ley en la nueva vida. Lo que la existencia cristiana lleva a cabo es exactamente el antónimo del verbo *energéo*: poner en acción. De esta manera, el mesianismo hace ineficaz la norma antigua, la hace inválida por dejar suspendida su eficacia. No se trata de destruir sino de desactivar. Cfr. AGAMBEN, p. 97-99.

[124] Conciencia de su posible *no ser* en la que Paul Tillich sitúa el origen de la angustia, de modo que la angustia es la conciencia existencial de la nada entendiendo por existencial no el conocimiento abstracto de la nada, sino la conciencia de que la nada es parte de nuestro propio ser. Cfr. P. Tillich, *El coraje de ser,* pp. 50-51.

hacerse cargo de lo real y de su contingencia, del acontecer y de su carencia de necesidad última, reside la tensión de la fe[125].

En suma, la experiencia de la fe es la experiencia existencial de la provisionalidad de la espera, de la inconformidad con la sabiduría humana que da por descontado que el mundo ya está dicho, que es así, tal y como aparece en su ser y tal y como la lógica de la voluntad humana lo ha querido. La experiencia de la fe es por eso una experiencia de una profundidad reflexiva fenomenológicamente fértil, precisamente por esa tergiversación vivencial de las referencias del mundo para mostrar así lo *horizóntico* de la vivencia cristiana frente al reduccionismo de *los sabios y entendidos*[126].

El *usus mesiánico* del *kairós* desbanca toda relación entre el hombre y el mundo desde el *dominium*[127]. Lo sagrado —en la recuperación que hace

---

[125]   La tensión de la fe que constituye la verdadera *klésis,* la llamada, la vocación que llama, en este sentido, hacia la nada, hacia ningún lugar concreto precisamente por esa indiferencia escatológica que se traduce en la vivencia mesiánica. Cfr. AGAMBEN. p. 33.

[126]   Cfr. SAVARINO, p. 125. Según Sloterdijk, en uno de sus últimos trabajos, el lugar del *ut non* paulino pertenece ya al campo de la *epojé,* del tomar distancia de lo indistanciable, del poseer como si no se poseyera... Y todo ello, según el autor, se concentra en la filosofía gnóstica que no es otra cosa sino una filosofía del *como si no.* «La tarea intelectual de captar el ser como tiempo estaba planteada desde el momento en que el impulso gnóstico agitó las almas de los seres tardoantiguos con sus preguntas: ¿Quiénes éramos? ¿En qué nos hemos convertido? ¿Dónde hemos sido arrojados? ¿Hacia dónde vamos? El final de la filosofía del que hablaba Heidegger comenzó hace casi dos mil años en el existencialismo de travesía gnóstica». P., SLOTERDIJK, *La herencia del Dios perdido,* p. 73. Adviértase que esta fue también la tesis de Hans Jonas acerca de cómo la analítica existencial heideggeriana había consistido en una traducción filosófico secular de los elementos gnósticos.

[127]   Agamben afirma que la forma del *como si no* del ser mesiánico significa la expropiación en la forma de toda propiedad jurídico-fáctica. Por eso, la vocación mesiánica implica una manera de desactivar, de hacer ineficaces e inoperantes los presupuestos de la legalidad. Cfr. *Ibid.* p. 37. En esta dirección apuntan también las *Tesis sobre la historia* de Benjamin, en esa determinación redentora del mesianismo en relación a los insumos del mundo hasta llegar al estado de excepción de lo común para albergar así la revolución de la debilidad que subvierte y pone en entredicho el poder del sabio.

Heidegger de Hölderlin y la tradición romántica— está indicando todo ese ámbito de la *no disposicionalidad* por la que el ser queda siempre en excedencia, como si su darse fuera algo así como su retraerse, como si su aparecer tuviera que ver con su esconderse. Es el acontecimiento, el *ahí* que muestra su presencia en un aparecer que no puede desentenderse de todo lo que se oculta en su acontecer, en su *venir a la presencia*. Y entender esto es descubrir también cómo el hombre no puede hacerse con el ser, porque en su entregarse, el ser nunca se deja del todo, nunca se agota del todo. Reconocer este ámbito de lo sagrado (que provoca ese rebosamiento de sentido que se concentra en el *como si no*) es rechazar que la sabiduría del mundo, aquella que en este momento de la historia se ha plasmado en los modos de pensar derivados de la metafísica consumada en la técnica, puedan estar a salvo de la vanidad que disipa toda solidez y que convierte en polvo hasta los más férreos fundamentos mundanos.

En definitiva, en este modo de resituar las cosas en su sitio propia de la experiencia originaria del cristianismo (que termina poniendo su existencia en la distancia que va de la idolatría del mundo a la indiferencia absoluta) pudo ver Heidegger no solo los ingredientes de este otro pensar, sino también un modelo de resistencia para poder soportar el tiempo de este otro nihilismo, el tiempo de esta otra transición, el tiempo de este ahora que nos queda. Y entonces, en este tiempo del final del pensar de la totalidad, en esta ilustración exhausta, en esta metafísica perfecta y consumada, Heidegger anuncia la oportunidad para volver a donde el ser humano encontró siempre su sentido sin el amarre del mundo, sin la seguridad de las cosas, sin el abrigo del poder de la *Machenschaft*. Porque, en el fondo del peligro nace lo que salva, había escrito Hölderlin quizá también recordando a Pablo: *donde abundó el pecado, sobreabundó la gracia* (Rom 5, 20).

IX

EL *TODAVÍA* DE LA ESPERANZA

«Se trata de aprender la esperanza»
E. Bloch, *El principio esperanza.*

En definitiva, el existir que analizamos ya no puede por más tiempo ser distinto de la existencia que somos. Este es el drama para una filosofía que solo se entienda desde la epistemología: que la facticidad, el hecho del existir concreto así y aquí, en cuanto que implica también *tener que existir,* no puede abordarse. En sede epistemológica, nos quedamos sin saber qué somos Y este expolio de saber quién somos es el que afronta decididamente el giro hermenéutico de la fenomenología como ya lo habían intentado Kierkegaard, Blondel, Jaspers, Unamuno… La existencia concreta, demasiadas veces, representa una grieta que se impone en el recorrido del concepto, un recoveco que no puede ser apercibido por la tendencia totalizadora del sistema.

Para lo que ahora nos interesa, deberemos insistir en que a esa imposibilidad manifiesta de objetivización de la existencia que parece exigir una previa objetualización de la misma, debe añadírsele otra imposibilidad de principio que consiste en tener que pensar en un ser que es *lo que todavía no es*, un ser al que la posibilidad (que ahora, en efecto, no es y que le hacer ser un *ente inconcluso*) determina su esencia y constituye su ser.

El momento estructural del cuidado dice inequívocamente que en el Dasein siempre hay algo que todavía falta, que, como poder-ser de sí mismo, no se ha hecho aún real. En la esencia de la constitución fundamental del Dasein se da, por consiguiente, una *permanente inconclusión*. El inacabamiento significa un resto pendiente de *poder-ser*[128].

Los múltiples modos de *poder ser* orientan el análisis del existir al tratamiento de las múltiples disposiciones afectivas en las que nos encontramos. Del *qué* del conocimiento al *cómo* de la hermenéutica. Con Kierkegaard es fácil coincidir en que la angustia lo es por la posibilidad, esto es, por lo que todavía no es en su capacidad de configurar el *ir siendo* y el *tener que ser* de cada uno de nosotros. Fundamentalmente nos sobreviene la angustia por no poder evitar el tener que ser, por tener que poner en juego la libertad al tiempo que solo hay incertidumbre. Es evidente, pues, la imbricación entre disposición afectiva, tonalidad emocional y futuro. Toda experiencia de sufrimiento, de hecho, lo es por nuestros múltiples modos de imperfección, de incompletud, de carencia... de poder ser, en el que nuestra finitud encuentra su fundamento, de cuya conciencia depende la autenticidad del existir propiamente humano. Ser humano, existir, es ser posible. La fragilidad de nuestra experiencia tiene su explicación y su razón de ser en la fragilidad de nuestro ser.

¿Cómo fijar la mirada en la peculiaridad del existir humano? Ser en el mundo, estar abiertos necesariamente al mundo, ser de posibilidades, ser esencialmente cuidado y otros modos de referirse a ese ser tan hacia afuera, tan volcado existencialmente más allá de sí, sólo puede ser abordado fenomenológicamente en el *cómo de su existir*, en la manera de encontrarse así: abierto, proyectado, posible. Desde el momento en que la clave del análisis del existir reside en *el cómo* del estar en el mundo —desbordando así cualquier pretensión teorética— se asume que la vida humana y su imposibilidad de poder ser estudiada desde el rígido esquema de la teoría del conocimiento, exige un abordaje diferente. La vida, la nuestra, la de cada uno —había dicho ya Heidegger en sus primeras lecciones situando el camino de la fenomenología en la trayectoria de una *hermenéutica de la facticidad*— no puede ser un objeto. No podemos tomar distancia de ella porque ya siempre estamos en ella. Así podrá afirmar Heidegger en *El con-*

---

[128] SZ, p. 253.

cepto de tiempo, «en la disposición afectiva, este ser que somos es puesto al descubierto para sí mismo»[129]. Y entonces, el *en sí fenomenológico* ya no es el del *eidos* cuya esencia se nos da a la conciencia en su idealidad desarropada de prejuicios y libre de las ataduras que la envuelven y falsean, sino que este objeto de la fenomenología, la vida humana, la nuestra, ya está dado en su estado interpretativo, en su *situación hermenéutica,* en su ser que sólo se deja ver en el cómo de su existir, lejos de aquella ilusión husserliana de poder ser captado en el qué de su ser. Con Bloch, de nuevo, podríamos asumir cómo el cansancio, la esperanza, el asombro o la angustia, en cuanto emociones básicas y fundantes, terminan por expresar una tendencia clara hacia la meta final que no está predeterminada ni prevista, que no es sino la respuesta humana a aquella llamada a *tener que ser,* a llegar a ser de este ser que se sabe no siendo. Es la conciencia anticipadora —según la denomina Bloch en *El principio esperanza*— la responsable de la libertad creadora con la que el ser humano se las ingenia en el mundo. Es la conciencia anticipadora la que constituye este modo de ser inconcluso en el presente y siempre en trance de llegar a ser, determinando así la *ontología del no todavía.* Las disposiciones afectivas, revelándonos quiénes somos, nos recuerdan la indeleble marca de la finitud del existir, la insuperable constitución de nuestro ser cuya solidez ontológica reside, precisamente, en su debilidad, en su todavía *por ser*.

Es el conjunto de posibilidades el que abre la realidad humana y la encarna en un modo de ser afectivo que explica que las múltiples disposiciones emocionales penden de la situación ontológica de un ente caído, por seguir un momento con Heidegger. Entendiendo por caído no el ser cadente que se deja absorber por el mundo en el que está arrojado, sino la consustancial determinación de este modo de ser que *teniendo que ser* en el mundo, debe saberse siempre arrojado en su llamada constante a ser proyecto, y en su lucha permanente por no quedar *deyecto*. Ser propio es, entonces, ser caído en la medida en que se encuentra ya siempre *echado a vivir*. Ser propio es tomar conciencia de esta yección, descubrirse como estando caído. Porque ser caído es, en suma, otra forma de reconocer el *ser en el mundo*. Qué curioso que sea el

---

[129]   Heidegger, *El concepto de tiempo,* p. 49.

futuro tan rezumante de mañana, de todavía, de estar pendiente, de salida… el que constituya el tiempo sobre el que se monta el natural ser caído y yecto del existir humano que más bien connotan quietud y abigarramiento a una circunstancia que no da ya más de sí. Y qué interesante, y a la vez qué paradójico, que sea el presente, la condición permanente e impasible del tiempo, la que decaiga y haga deyectarse el existir humano hacia un desmoronamiento sin par que, como era de esperar, pasa desapercibido para el hombre que vive *aneu philosophias*, sin capacidad de pensar. Es exactamente la diferencia de sentido entre el abrirse al mundo y el dejarse llevar por el mundo. Es exactamente la diferencia de sentido entre la búsqueda de la plenitud de ser en la toma de conciencia del abismo del existir, y la ruina ontológica que le sobreviene a la existencia ante la mundana promesa de plenitud absoluta.

Con todo, no estoy del todo seguro de que la importancia que Heidegger concede a las disposiciones afectivas en la determinación de la tarea filosófica tenga mucho que ver con la estricta tradición fenomenológica en la línea de Husserl-Scheler. Sin embargo, sí creo que, como hijo de esa tradición, el de Messkirch reconoce el papel de las emociones en el desmontaje de la estrechez filosófica del objetivismo y del positivismo de la teoría del conocimiento. De modo que la constitución emocional de la existencia humana podría representar *allo genos gnoseos,* ese otro modo de conocimiento, al modo como supuso para Heidegger encontrarse con la filosofía práctica de Aristóteles. Lo que aquí quiere verse es, además, la potencia de las emociones en la determinación existencial y su intrínseca y sustancial constitución temporal. Y es esto lo que creo que Heidegger pudo haber tomado, de nuevo, de la comprensión paulina del existir cristiano.

Sea así o no, al menos quedémonos con el significado afectivo que tiene, siguiendo el interés de este capítulo, el propio hecho de esperar para la experiencia cotidiana en el sentido en el Kierkegaard se refirió a la esperanza como *pasión por lo posible.* Parece que se espera —sostiene Köhler— con dolor, con deseo, como si la espera generara temperaturas. «Se espera con el corazón tiritando o ardiendo»[130]. En este momento del

---

[130]   A. KÖHLER, *El tiempo regalado. Un ensayo sobre la espera,* p. 23.

libro, prefiero emprender el camino que hizo Heidegger quizá sin Heidegger; simplemente a la escucha de san Pablo y de la tradición paulina para hacer, desde ahí, una interpretación fenomenológica de la esperanza. Digo *sin Heidegger* porque, como explica Laín Entralgo, mientras que, para Kant y para Hegel, el futuro auténtico era de la esperanza en cuanto apunta a la inmortalidad y la infinitud, en Heidegger, fundamentalmente en el I Heidegger, la esperanza contiene no otra cosa sino la «angustiosa abertura de la existencia hacia la posibilidad de no ser»[131]. Importa ahora, volviendo a Pablo, su interés en adentrarse en la experiencia humana cuando esta está atravesada por la fe. Interesa porque las pretensiones ominiabarcantes de la experiencia creyente pasan por la necesidad de *dar razón de la esperanza*, pero también por el tamiz del corazón, por las emociones y por la totalidad de lo que supone en cristiano el encontrarse existiendo, el descubrirse siendo.

> Cuando me hago una pregunta, ello no sucede sin un determinado temple de ánimo fundamental (una *Befindlichkeit*), que puede corresponder ontológica y existencialmente, bien a nuestra idea de la esperanza, y entonces consiste en una suerte de apoyo de la existencia en la seguridad de obtener respuesta esclarecedora; bien a la desesperanza, esa especie de retracción de la existencia sobre sí misma ante la vacía nihilidad de lo por venir[132].

Este talante afectivo de la existencia cristiana es el *cómo* de la experiencia de la fe que, a priori, parece contrariar al sentido común de lo que sería esperable. Quien asume la fe como guía de su vida parecería optar por un camino de plenitud y de alegría. No tendría si no sentido alguno. Nadie, en su sano juicio, optaría libremente por lo que le va a amargar la vida. Y, por ello, una y otra vez, el apóstol insiste imperativamente: *estad alegres* (1 Tes 5, 16). Pero, efectivamente, la alegría no es precisamente la nota más evidente de las primeras comunidades cristianas. ¿Quizá su fe no es suficiente o la fe que ellos tienen no es una fe auténtica? ¿quizá la alegría de la que habla Pablo no es a la que se refiere el sentido común?

---

[131] P. Laín Entralgo, *La espera y la esperanza,* p. 297.
[132] P. Laín Entralgo, *La espera y la esperanza,* p. 9.

El cristianismo nace a partir de una experiencia vivida: Jesús, al que han visto crucificar, al que han visto morir en cruz, ha resucitado. Sus discípulos, las mujeres que iban de mañana al sepulcro, le vieron crucificar, pero no le vieron resucitar. La vida de la fe está sostenida por dos experiencias radicalmente distintas. La primera, la de la muerte, forma parte de los hechos acontecidos, evidenciados, públicos. La segunda, la de la resurrección, está cimentada en un hecho/premisa del que, necesariamente, no se sigue la conclusión de la resurrección. El sepulcro está vacío. Pero es no implica que Jesús haya resucitado. Simplemente que el cuerpo no está ahí.

Esta segunda apoyatura de la fe, la de la resurrección, se sostiene en la fragilidad de la experiencia que origina y colma de vida y de sentido la comunidad post-pascual. Los hombres y mujeres que saben que Jesús ha muerto, experimentan, sienten, creen que Jesús vive ya para siempre en medio de ellos. Y es esta experiencia que cambia la historia la que se escribe, la que se narra. De modo que la iglesia está sostenida por el recuerdo del futuro que, incluso hermenéuticamente, gobierna la memoria del pasado[133]. Y, en palabras de Moltmann, hasta la misma teología en realidad sólo tiene un auténtico problema: el problema del futuro[134].

La verdad de esta experiencia escrita no va del lado de la verificabilidad de los hechos narrados, en los que desde luego se asienta la fe (de otra manera sería pura fantasmagoría), sino de la vivencia que ha cambiado el corazón de las primeras generaciones cristianas que confiesan, a pesar de todo trance, que Jesús es el Señor, el Hijo de Dios. Así pues, la experiencia de la rememoración de lo acontecido (con todo lo que fenomenológicamente significa la lejanía real del pasado del todo distinto a la fidelidad a los hechos

---

[133]   Cfr. I. Zizioulas, *Teología en perspectiva escatológica. El futuro siempre presente,* p. 19. «Se trata de una *inversión* del tiempo, no de un movimiento desde un antes a un después (Aristóteles), sino del *final al presente* o incluso *al principio* según señala Máximo el Confesor», p. 23. Más rotundo, a este respecto, será Kierkegaard: «El comienzo no es aquello con lo que se empieza sino aquello a lo que se llega». S. Kierkegaard, *Los lirios del campo y las aves del cielo,* p. 165. Algo de esto quiso decir Ortega cuando insistió en que la dimensión más sustancial del tiempo es el futuro, un tiempo que comienza en el después y no en el antes.

[134]   J. Moltmann, Teología *de la esperanza,* p. 20.

que sucede en el modo de la retención, en sentido husserliano) y su constitutiva nimiedad y fragilidad, es la que explica las dificultades para que el cristiano pueda sostenerse en medio del mundo. Cuenta más el miedo y la duda ante un contexto hostil para la vivencia de la fe. Por eso, una y otra vez, los textos evangélicos proyectan esa misma tonalidad emocional hacia atrás, hacia el momento originario del seguimiento de Jesús en su etapa pública. Los miedos a dejarlo todo, las dudas propias de los seres humanos de poca fe, las pasiones inútiles… responden a las mismas disposiciones afectivas en las que se expresa la fe de las primeras comunidades. La experiencia de la fe no es la experiencia habitual que tenemos de las cosas, ni siquiera la experiencia común que poseemos de los otros. La dimensión externa sobre la que se vehicula toda experiencia, aquí, en el contexto de la fe, tiene siempre una especial resonancia interna, una genuina vinculación con el foro interno. Pero tampoco se trata de una mera y pura experiencia interior (en el sentido de *interiorista*) que en nada se ocuparía de que lo *en mí,* lo vivido por mí, lo sentido por mí, tuviera que ver con algo de fuera. De poco serviría, entonces, la llamada a la predicación, porque al creyente no le interesaría más que su vivencia una y única.

La experiencia de la fe, en cuanto experiencia de la resurrección, en su singularidad, en su genuinidad, contiene su debilidad precisamente en la ausencia de hechos que mostrar que constantemente se suplen con testimonios de comunidades y de vidas entregadas que seguir. La resurrección entra en la historia concediéndole introducir el *ser sin la muerte*[135]. Por eso, por el tamaño de grano de mostaza que tiene la fe más asentada y más fuerte, el vendaval de la existencia en el mundo sacude a menudo la experiencia emocional que sólo se sostiene por el futuro que se espera y que todo lo compensa. Pero un futuro, como hemos insistido, que está antes, que lo inunda todo, que lo puede todo.

La alegría es el sentimiento que debe identificar a los seguidores del resucitado, a aquellos que experimentan en su vida hasta qué punto el mensaje del reino y la espera definitiva de la gloria de Dios, bien valen una entrega

---

[135] Cfr. Zizioulas, p. 43.

radical. El tiempo del tránsito en el que viven es el entretanto en el que las comunidades deben experimentar que la ley ha sido desbordada por la gracia. Los cientos de preceptos de Israel, las decenas de prohibiciones y los fardos inmensos de mandatos, quedan resituados por una experiencia de libertad mayor e incomparable como es la del amor. Cumplir y obedecer la ley sólo hace a los seres humanos dignos de ser lo que son, cerrados al mal, es verdad, pero sin que eso les sitúe automáticamente en la dirección excelente del bien. El imperativo de los mandamientos tiene una motivación fundamental: la contraparte punitiva. Cumplir con el *no matarás* sirve para salvar una primera fase civilizatoria que, por decirlo al estilo de Hobbes, aplaca las fauces de los hombres en su natural tendencia a acabar con sus semejantes. El precepto imperativo exige su cumplimiento cuasi categórico precisamente porque remite al presupuesto de que los demás (interesados en proteger su vida frente a los otros, y a la vez considerados por ellos como sus potenciales asesinos) también están incoados a cumplirlo. La búsqueda desaforada de seguridad doblega la libertad hasta el mínimo exigible en el que todos se comprometen con todos a protegerse colectivamente para protegerse a sí mismos. La obediencia a la norma sucede, entonces, porque juega en beneficio propio.

Pero la ley no cambia el corazón. Doblegar la conducta, por escrupuloso que sea el respeto a la ley, sólo afecta al foro externo. El interior puede quedar del todo intacto. Esto es: uno puede no matar, pero estar a años luz de amar. Aquel mandato puede exigirse por la ley; este otro no puede normativizarse y, por tanto, no cabe delito imputable al que *no cambie su corazón de piedra por un corazón de carne*. De esta manera, y puesto que la fe auténtica se da como don, no puede quedar enquistada en la ley porque esta no transforma la vida entera y completa. Así pues, la alegría verdadera (esa acción que en sí misma ya es una recompensa, que diría Schopenhauer) se da exactamente porque este ser que somos experimenta su desbordamiento cuando se realiza en su ser con los otros, cuando se entrega a una causa que le hace sentirse pleno. En suma, cuando se sabe en las manos del Dios que salva.

La alegría se presenta como mandato precisamente por la constatación del conglomerado de dificultades entre las que debe desenvolverse la vida cristiana real, la existencia concreta. El imperativo de la alegría convierte el estado anímico en un *desiderátum* que pone las cosas en su sitio, al menos en el orden descriptivo. La experiencia de la tristeza del existir y de sus dosis adjuntas de dificultades goza de un imponente realismo. Es difícil negarlo y, por ello, es fácil asumirlo. Así que la alegría tiene de realidad lo que tiene de *todavía por ser*. La carta de Santiago (1, 2) vincula así la alegría a la fuerza que imprime en el ser humano la resistencia a las múltiples tentaciones. Desde este momento, la alegría apunta a un estado emocional con tendencia futura porque es en el *in essendo* donde la alegría, hoy incompleta y fragmentaria, puede ser en su modo de apuntar a un mañana en el que será del todo, en el que será perfecta. De hecho, el texto de la carta a los tesalonicenses parece claro a este respecto: la alegría se da ahora en la provisionalidad que resulta de la repercusión que tiene aquí, en el presente, la inminente vuelta de Jesús, el futuro del *esjaton*.

Esa es, insistimos en ello, la dosis de *inexperiencia* de toda experiencia. La alegría cristiana tiene de alegría lo que tiene de distancia con respecto al presente en el que se está, precisamente por la anticipación con la que vive el mañana prometido. La alegría o las alegrías presentes son, por naturaleza, provisionales, caducas, extinguibles y frágiles. La alegría definitiva es, según nuestra esperanza, perpetua. La primera repercusión temporal que tienen los talantes afectivos en la economía cristiana nace, por tanto, aquí: en la particular experiencia del presente inmediato como vivencia provisional y, por ello, contingente, siempre relativa a una definitividad dadora de sentido. *Alegraos* —escribe Pablo a los Filipenses— *el Señor está cerca*. Varias consecuencias se desprenden de este mandato:

Una primera está en directa relación con la razón propia de la emoción, esto es, con su naturaleza pasajera. Una nota de provisionalidad en la que insiste la experiencia cristiana y que no parece confirmarse, sin embargo, por la vivencia real de las emociones en la existencia concreta del ser humano. Y es que, por su potencia, por la fuerza con la que se presenta la emoción, parece prometer permanencia y definitividad. Se ve, quizá mejor, con las emociones negativas. Digo esto porque es en la vivencia de estas en las que el sujeto desea experimentar su fin inmediato, sin conseguir casi nunca el éxito instantáneo esperado. Las neurosis más comunes de angustia acontecen con una intensidad importante de ansiedad en las que el ser humano tiene la sensación de una firmeza y rigidez en su presentarse y en su duración que retroalimentan el malestar y aumentan significativamente las posibilidades de su recurrencia. A mayor deseo de que se acabe esa desastrosa sensación emocional que complica al ser entero, más incontrolable se vuelve su intensidad y más habitual su frecuencia. Sin embargo, la emoción pasa. No lo parece para el que la padece, pero pasa. De hecho, cuando el paciente ansioso lo sabe y lo experimenta, ha curado en buena medida su patología. Y también sucede con la alegría. La idea de un gozo permanente, ininterrumpido, va contra la experiencia real del que se sabe *viviendo*, en permanente tensión al futuro y en constante expectativa del porvenir. Sin embargo, el gozo no asume porvenir alguno. Todo gozo tiene la pretensión de anular el mañana de un gozo mayor, de cancelar toda relación con el tiempo [136]. En definitiva, la lógica escatológica pone, de esta manera, razón y realismo en la *pasión* emocional. La lógica de la esperanza cristiana ayuda a resemantizar la aparente fuerza y promesa de permanencia de las pasiones para resituarlas en su volatilidad. No en vano, la cancelación del tiempo de estas emociones *mal vividas* es un modo de falsear la experiencia humana. La lógica del pueblo judío, en palabras de Levinas, hace que el gozo se viva también en esa tensión futura hacia un mañana incierto. Desde ahí, el gozo y la inseguridad se dan la mano. Ni la angustia tiñe de gris el *para siempre*, ni el gozo ha dicho ya y del todo su última palabra, sostiene Lacoste. *Caminemos para el cielo* decía Teresa de Jesús a las suyas precisamente relativizando el valor de las alegrías y de las penas en la justa medida de ser y de servir para un fin que no puede quedar embargado por el presente.

Una segunda consecuencia, por su parte, es que la lógica emocional atravesada por la fe, guiada por la fe, se hace cargo mejor del tiempo vivido en esta comprensión de la referencia de todo lo provisional a lo definitivo. Las penas de este mundo y las alegrías del cielo están en esta misma relación que lo pasajero y lo absoluto. Si la alegría experimentada es sólo anticipo de la plenitud que se espera en la que lo pasajero solidificará en lo *ya para*

---

[136]   Es de una maestría impresionante la reflexión de Lacoste al respecto. *La fenomenicidad de Dios*, pp. 172 ss. Ahora bien, en esta lógica, escribe páginas más adelante, sin asumir la limitación constitutiva de nuestra experiencia, todo gozo limitado puede llevarnos a la idea de una conciencia desgraciada.

siempre, es porque la vivencia emocional anticipa ya aquí cómo el sentido de lo cronológico reside en lo kairológico, esto es, cómo la impersonalidad del puro transcurrir y pasar, es vivido en la intimidad del alma donde rezuma lo eterno. Y entonces, la dinámica temporal en términos de tensión hacia lo definitivo repercute en la vida real, en el tiempo de lo provisional, como una llamada decisiva a la autenticidad que viene, en todo caso, de manos de la paciencia. Esta es la lección capital. El tiempo vivido de la experiencia emocional es más auténtico cuanto más arrítmico es para con la lógica de los afectos, cuanto menos *seguidista* es de sus apetitos. A esta disposición quiero llamarla paciencia. A la capacidad de poner espacio donde parece haber sólo proximidad, y tiempo donde no existe más que inmediatez; a la posibilidad de disponer del pensar cuando sólo hay instinto; a la urgencia de la reflexión donde sobre todo cuenta el poder del deseo.

Se ve, pues, que la paciencia tiene determinados constituyentes de temporalidad, de ese tiempo vivido, que no consiste sólo en darle tiempo al tiempo, en permitir que el tiempo pase, en dejar que el tiempo diga su palabra y encuentre su momento. La paciencia es, en este sentido, la vivencia de la espera del *kairos*. La paciencia es la experiencia del tiempo ni resignada ni pasiva, sino expectante de un *haber de ser* que debe llegar cuando toque, cuando sea. La paciencia es humilde porque lleva al ser humano *paciente* a saberse no siempre protagonista del porvenir y no siempre presto para la oportunidad. El paciente espera porque se siente en la debilidad y en la vulnerabilidad del que no depende sólo de sí. Véase la inmensa enjundia del campo semántico de la palabra *paciente* que sirve tanto para el que espera como para el que pone su herida en manos de un profesional en busca de curación o de cuidado. La paciencia es, entonces, antónima del orgullo y de la prepotencia que nunca esperan nada porque creen que todo lo pueden.

La paciencia tiene, además, un retrogusto fenomenológico especial. Y es que la paciencia puede entenderse como la contraparte afectiva de esa necesidad de desconectar del mundo, de esa obligación de parar para no dejarse llevar, de esa advertencia de *poner entre paréntesis* las maneras habituales con las que los seres humanos acortan —hasta llegar a anular— la distancia entre sus deseos y la realización de los mismos. La paciencia, al decir de Levinas, sería algo así como la pasividad del tiempo. Así pues, la paciencia es, en definitiva, la vivencia auténtica de la provisionalidad que invita al ser humano tanto a descubrirse desconfiando de las vanas promesas de las alegrías inmediatas, como a saberse relativizando la definitividad con la que el mal manifiesta su potencia en las diversas formas, y a las que, por ejemplo, Pablo se refiere en términos de persecuciones, tribulaciones, debilidad, tentaciones, pecado, duda… Habacuc lo había hecho ya con una maestría envidiable:

> Aunque la higuera no echa yemas y las viñas no tienen fruto, aunque el olivo olvida su aceituna y los campos no dan cosechas, aunque se acaban las ovejas del redil, y no quedan vacas en el establo, yo exultaré con el Señor, me gloriaré en Dios mi salvador.

El que se ejercita en la paciencia está ya entrenado para vivir la esperanza cristiana y su legado constante: todo *ya* es siempre un *todavía no*. Qué otro modo de ser definiría mejor a este ser que somos, temporal, histórico, en camino, por hacer… que el de la paciencia que revela la experiencia de cómo todo lo transitorio no puede ni conocerse, ni juzgarse, ni vivirse como permanente. El ser humano maduro es ese, el paciente, el que vive su fragilidad en la volatilidad del presente, en el intervalo de su estar siendo. El ser humano de una pieza es ese, el paciente, el que, al saberse en la limitación de lo provisional, justo en su modo de reconocer lo pasajero y no *hacer nido en nada* (que diría s. Ignacio) anticipa ya aquí, en el ahora, el valor de lo definitivo en su *todavía no* haber sucedido. Por eso la esperanza no solo tiene su vista en el futuro que le da sentido, sino que su modo de ser vivida supone una proyección de lo que *todavía no es* en lo que está siendo. Proyección inversa: de adelante hacia atrás, del futuro al presente. La experiencia de la tribulación, por ejemplo, no es menos dolorosa por tener la vista puesta en una redención definitiva. No duele menos el dolor, ni angustia menos el sinsentido, pero es capaz de hacer presente, en el mismo modo de ser vivido el sufrimiento, el futuro que se cree. En cómo viven los que esperan su esperanza, anticipan y adelantan lo que esperan[137].

---

[137] «Aquel que huye conscientemente de la gloria, experimenta en sí mismo la esperanza del mundo futuro». Isaac DE NÍNIVE, *El don de la humildad,* p. 93.

Adviértase, entonces, el curioso intercambio temporal que acontece en la esperanza. Esperar es siempre reconocer la incompletud del ahora, la vaciedad del presente. Esperar es declarar que el tiempo que se vive es nulo para llenar del todo la existencia humana. En coherencia con esta esperanza y con la aceptación de la provisionalidad y de la fragmentariedad vividas, el ser humano vive de una manera que transparenta esa convicción. Cuando esto sucede, cuando la esperanza fecunda la existencia, esa vaciedad del hoy incapaz de dar plenitud a la expectativa humana, curiosamente, se llena de sentido. Y el mañana queda anticipado en el hoy. Por eso, en palabras del Unamuno poeta, *mi patria es la de mañana*. Y el hoy, siendo tan real como volátil, queda preñado de lo definitivo. Y lo pasajero y lo provisional, lo contingente y lo fugaz, lo caduco y lo efímero, lo huidizo y lo transitorio dejan entrever las huellas de lo eterno. Esta es la clave de ese *todavía no ser* de la esperanza en el que tenemos que profundizar. De hecho, así las cosas, podemos asumir con Zizioulas que el pecado podría entenderse no tanto como una traición a un estado *protológico*, inicial o paradisiaco, sino como una falta de respuesta al fin, al destino, a la meta para la que fue creado.

> La palabra clave sigue siendo la de la esperanza de pasar del no ser al ser que la relación socrática no puede ofrecer y que, en cambio, el Dios del tiempo sí puede ofrecer. El tiempo de la experiencia socrática está gobernado por un pasado que llena el presente gracias al trabajo del maestro: lo que el discípulo aprende, ya lo sabía; lo que llega a ser, ya lo fue. Mientras la relación del maestro y del discípulo se anuda en el saber y no saber, la del hombre y Dios se anuda en el amar y ser amado (…) No se es cristiano, dirá Kierkegaard sino que se *llega a serlo* y a serlo se está perpetuamente llegando[138].

Una y otra vez Pablo toma imágenes temporales de esta existencia futuriza para ilustrar y aplacar a las comunidades tan apasionadas como confundidas con el sentido de la parusía. Por ejemplo, la del crecimiento, la del aprendizaje, la comparación entre los sufrimientos terrenos y la consolación eterna o, cómo no, la del curso. La idea de que la vida humana es

---

[138] Lacoste, *La fenomenicidad de Dios,* pp. 26.

un recorrido, un *cursum* que tiene sus tramos difíciles, sus caídas y cansancios… y su meta. Y es la corona de gloria, esperada por merecida, la que repercute, ilumina, da sentido y fortalece todo el vasto campo de amenazas contra el que debe luchar el creyente. Una y otra vez, el futuro es donador de sentido y origen del ser del presente.

El propio evangelio de Mateo (5, 12) insistirá, años más tarde, en que la alegría y el regocijo llegarán a la comunidad cuando las bienaventuranzas, a pesar de ser un programa de felicidad difícilmente asimilable en las coordenadas mundanas, produzca un profundo sentimiento de alegría, tanto como para abundar en ello con dos verbos sinónimos: *chairo* y *agalió*: «*alegraos y regocijaos porque vuestra recompensa será grande en el cielo*». Un profundo sentimiento que se experimentará justo cuando se paladee (en el presente en el que se está *estando*) la recompensa final, la expectativa definitiva (el futuro).

> ¿Arrebata engañosamente esta esperanza al hombre la felicidad del presente? ¡Cómo podría hacer tal cosa si ella misma es la felicidad del presente. Llama bienaventurados a los pobres, se hace cargo de los miserables y oprimidos, de los humillados y ofendidos, de los hambrientos y moribundos (…) El infierno es carencia de esperanza, y no en vano, a la puerta del infierno de Dante está escrito: «abandonad toda esperanza los que aquí entráis»[139].

No podríamos llamar felices (*makarioi*) a los que lloran si no fuera porque su ahora no lo es todo, si no fuera porque su partida no tiene ya toda la suerte echada. De hecho, los que lloran *serán consolados*. Esta es la esperanza (futura) que les hace ser felices (presente). Sería un atentado muy serio al sentido común llamar dichosos a los que padecen las injusticias en carne propia o en la carne de los suyos si no fuera porque la fe tiene por cierto (presente) que esa hambre y sed de justicia tendrá su mañana de saciedad donde toda reclamación humana será colmada del todo (futuro).

> El Nuevo Testamento me enseña que aquello que, considerado desde la perspectiva del tiempo, es una plaga de la que, de acuerdo con la noción de

---

[139] J. MOLTMANN, *Teología de la esperanza,* p. 40.

temporalidad, tendríamos que liberarnos lo antes posible, considerado desde lo eterno, tiene su valor; de manera que no debería precipitarme a escapar, si es que deseo no engañarme a mí mismo en relación con lo eterno.[140]

De modo que, otra vez, la existencia cristiana y su brega mundana exigen que la mirada de fe esté tan volcada en el hoy y comprometida aquí en la tierra, como dotada de altos vuelos para disponer de objetivos de largo alcance. Si la fe sólo lo fuera para el presente del ahora que acontece y en el que se vive, supondría una perpetua lucha contra el sentido natural que, evidentemente, no desea estar triste, ni ser pobre, ni estar perseguido. Al final, la vida cristiana tan ajena y contraria a la experiencia cotidiana, terminaría siendo o un mero adorno sin repercusión real, por tanto, inútil, o una *benzodiacepina* tranquilizadora y aplanadora de los deseos de denuncia, cambio o revolución, por tanto, tramposa, o, incluso, una especie de neurosis de la que habría que curarse, por tanto, patológica.

> Después de las dos guerras mundiales; después del hundimiento de los ideales conexos con el marxismo y del descredito de todos los socialismos políticamente realizados tras él y conexos con él; después de la crisis de los tecnicismos y capitalismos; después de la sospecha contra todos los absolutos y entre ellos contra todos los monoteísmos, hoy estamos ante la sagrada tarea de 'refundar la esperanza'. La crisis de muchos ideales modernos, por absolutización auto-divinizadora frente a Dios y frente al hombre personal, no puede llevarnos al desencanto del mundo, a la renuncia a la gloria del hombre, a la desesperanza ante el futuro. Esta refundación no puede ni ignorar, ni despreciar, ni absolutizar la historia anterior. Con todo ello ante los ojos, tenemos que volver a pensar desde la raíz personal de la existencia, que es naturaleza e historia, pasado retenido y futuro anticipado. Hay que repensar y reemprender el camino de la esperanza, preguntando por su fundamento antropológico, su posibilidad teológica y su concreción histórica[141].

---

[140] S. Kierkegaard, *El instante,* p. 30.
[141] O. González de Cardedal, *Raíz de la esperanza,* p. 481.

De hecho, por qué no decirlo, la vida del hombre contemporáneo se presenta una y otra vez como una vida dañada. El sufrimiento de los inocentes, el dolor tantas y tantas veces insoportable, el cúmulo de problemas y las dificultades inherentes a la existencia, ponen las cosas cuesta arriba. Unas veces porque el mal que nos sobreviene es inexplicable y parece responder a causas incontrolables e ingobernables, otras porque el mal tiene que ver con cómo decidimos competir y eliminarnos, hacernos daño y herirnos… El caso es que el sinsentido de la vida parece ser la tónica general de nuestros días que no parecen más que invitarnos a soportar un ambiente de desesperanza sinigual. Es como si todo lo humano hubiera dado ya todo de sí. Es como si el mundo hubiera sucumbido a la desesperación de saberse en manos de una fatalidad incomprensible. Hemos perdido toda esperanza hasta tal punto de que, asediados por tantos problemas y crisis, por tantas desgracias y catástrofes, la vida se ha convertido en una supervivencia, como comienza su ensayo Byung-Chul Han[142]. ¿Puede ser esta la única y la última palabra? ¿Puede el hombre de hoy conformarse con sobrevivir sin poder pensar en vivir plenamente? ¿Nos cabe, todavía, alguna esperanza? En estas circunstancias, sólo es posible hablar de esperanza desde la perspectiva de la redención, como escribió hace décadas Theodor Adorno. La redención abre la existencia a un tiempo nuevo, a un tiempo que *todavía no es,* cuya mirada alienta la esperanza que se sostiene a pesar del barrizal de la desesperanza. Y donde habita la desesperanza ya ha triunfado el mejor enemigo de la esperanza: el miedo[143]. Y donde el miedo ha, el sentido se esfuma. Donde el miedo echa raíces, se poda cualquier rama, se impide todo crecimiento, se acaba el futuro. La falta de visión y la clausura de sentido que provoca ese miedo ubicuo contribuyen a modelar vidas con las puertas siempre cerradas y las luces del todo apagadas.

Nuestro mundo, históricamente enfermo, ha sentido también que en el seno de la realidad humana opera una víscera honda y delicada, apenas sensible en

---

[142]   Cfr. HAN, Byung-Chul, *El espíritu de la esperanza.*

[143]   «¿Conoces los invisibles hiladores de los sueños? Son dos: la verde esperanza y el torvo miedo». A. MACHADO, *Proverbios y cantares.*

estado de salud y ahora alterada y doliente: la entraña metafísica que rige la necesidad de esperar, el hábito individual y colectivo de la esperanza. Un médico no vacilaría en hablar de la *diselpidia* del hombre contemporáneo[144].

Sólo la existencia considerada como trayecto, como peregrinaje, como el existir del que es en su *ir siendo,* exige una mirada allende que hace patinar todo argumento cortoplacista. La alegría es el temple de ánimo para un *ya* en el que no se sabe del todo cómo ni por qué, a pesar del *todavía no de* esa alegría definitiva que se las promete ya no provisional ni fragmentaria. De hecho, en esta referencia en la que el más acá y su provisionalidad e imperfección constitutivas apuntan al más allá de plenitud de sentido, se está barajando una comprensión del tiempo que merece que nos detengamos todavía un poco más.

El todo de la promesa del mundo —la misma lógica del mundo— confunde aparición con verdad, presencia con presente. Y, de esta manera —Lacoste lo explica perfectamente[145]— al mundo le es difícil asumir que todo lo que aparece, que todo lo que se presenta, que todo lo que se muestra, está ya reclamando que su ser lo es por todo un campo de desapariciones, de ocultamientos, de ausencias que explican por qué nada, en este tiempo del mundo, puede ser definitivo. En la lógica del mundo no hay esperanza. No cabe *ser* que no signifique *ser del todo* aquí y ahora. En la lógica del mundo, la única negatividad es la de las necesidades que satisfacer, en relación a lo que *todavía no se tiene.* Ese componente de negatividad del mundo es asumido e introyectado en relación directa a cómo, a renglón seguido, se ofrecen pautas e instrucciones para rellenar ese vacío. Así funciona el mercado, el capital, el consumo. Pero esa no es la negatividad del *todavía no ser* de la esperanza. El componente intrínseco de negatividad de toda esperanza lo es por implicar una mirada al futuro en la que se sostiene con la única certeza de una incertidumbre indisponible, incontrolable, inapresable y, sólo por eso, siempre sorprendente.

---

[144] P. Laín Entralgo, *La espera y la esperanza,* p. 282.
[145] Cfr. 179 ss. No hay presencia que no sea parcial —continúa— ni presencia que no sea provisional.

> La esperanza supone un movimiento de búsqueda (…) Quizá eso es lo que nos lanza hacia lo desconocido, hacia lo intransitado, hacia lo abierto, hacia porque no se queda en lo sido ni en lo que ya es. Pone rumbo a lo que aún está por nacer. Sale en busca de lo nuevo, de lo totalmente distinto, de lo que jamás ha existido[146].

En la carta a los romanos, Pablo anima a los creyentes a estar alegres precisamente por la esperanza que sostiene la fe. Tal y como está redactado, resulta curioso que la esperanza (que connota el tiempo futuro) sea la que sostenga y motive la alegría expresada, esta vez, por un participio de presente (*jairontes*). En mi opinión, se refleja exactamente lo que queremos decir en estas páginas: el presente del existir debe ser comprendido en términos de gerundio. *Estando alegres en la esperanza*, sería la traducción adecuada a esta comprensión de la temporalidad que venimos manteniendo. De hecho, se podría insistir en que el presente que representa el participio no refleja tanto la inmediatez del ahora en su instantaneidad, cuanto la continuidad correspondiente con un *modo de ser*. Esta es una idea capital para entender bien que el presente, en su *todavía no ser,* en esa comprensión del ahora en términos de gerundio, representa el ser que se mantiene en el tiempo expresando la actualidad no momentánea ni pasajera del existir. Así, la alegría no califica sólo el sentimiento fugaz y pasajero, sino el carácter que constituye al ser humano en el tiempo.

> La experiencia de la alegría es la experiencia de una comunidad; cuando algo —y sobre todo alguien— aumenta mi potencia de actuar, cuando alguien me hace vivir o me ayuda a vivir, entonces noto que existe entre nosotros algo en común. Y esa misma alegría, en cuanto que es ella misma un aumento de mi ser, en cuanto que «ensancha el alma», me empuja a nuevas alegrías y a nuevos aumentos de mi modo de ser, me impulsa a vivir, a ampliar mi comunidad, me impulsa a afirmar la vida. Y esta afirmación puede ser inocente o, como antes decíamos, huérfana, pero desde luego no es ingenua, no es un modo de ignorar la finitud,

---

[146]   HAN, p. 20. «La modalidad temporal de la esperanza es el *todavía no*». p. 22.

el sufrimiento o la muerte; esta alegría es lo que me impulsa a afirmar la vida, pero es inseparable del conocimiento de la muerte, del mal, del dolor[147].

Sólo nos salvamos en la esperanza, sostiene san Agustín. Nos alegramos por lo que nos ha sido prometido y porque sabemos que quien lo promete no engaña, porque su palabra es muestra de toda confianza. El cristiano, por la esperanza, debe esforzarse en asumir ese carácter en la determinación de su modo particular y genuino de ser de manera que su vida sea alegre siendo consciente, por igual, tanto de las alegrías movedizas y frágiles que vive, como de la alegría verdadera y fundante que espera sea como sea —si es que existe— la relación de aquellas con esta. Por eso, según apunta Chrétien, la exultación, la alegría, siempre es trémula. Y lo es porque la alegría derivada de la esperanza no puede existir sin incertidumbre[148]. Esto, más que una falla en la estructura de lo humano, es la garantía que advierte del peligro de los peligros: el de la seguridad. El peregrinaje del existir hace que cada parte del proceso sea un fragmento. La esperanza, entonces, se asienta sobre la fragmentariedad de todo proyecto.

Así, Pablo sostiene que la alegría de la fe, aun contrariada por la experiencia concreta de la tribulación, está refrendada por una esperanza que apunta a un cumplimiento de las promesas definitivas. Por cierto, ante la tribulación (*thlipsis*), en el mismo texto, se pide un aguante y una resistencia (*estando firmes en la tribulación*) con una connotación muy clara que queda patente en el verbo *hupomeno* referido al modo de permanencia. Este verbo apunta a un tipo de estar que no sólo implique un *ser ahí* accidental, sino un *mantenerse* de modo que ningún obstáculo o dificultad sea visto como motivo de abandono. Estamos, entonces, en el campo semántico no del simple estar, sino del perseverar. Continuar no es sólo seguir soportando, en una tentación victimista y pasiva del todo injustificable, sino más bien permanecer, es decir, seguir sin claudicar sabiendo lo consustancial de los sufrimientos presentes en el existir concreto.

---

[147] J. L., PARDO, *A propósito de Deleuze*, p. 204.
[148] J. L. CHRÉTIEN, p. 54.

«Quien espera, a poco que esta esperanza sea real y no se reduzca a un deseo platónico, se manifiesta a sí mismo como implicado en cierto proceso; y solo desde este punto de vista se puede dar razón de lo que hay de específico y, añadiría, de suprarracional en la esperanza».[149]

Y la clave, en mi opinión, es que en la tribulación se es perseverante no por un sentido sacrificial difícilmente comprensible, sino precisamente en función de cómo la alegría de la esperanza *adviene* en la realidad por la que se pasa y en la que ha de vivirse. En ese sentido, permanecer perseverando, es decir, sabiendo lo que implica seguir estando, es mantenerse firme, resistir pacientemente, máxime cuando lo habitual, lo normal, lo esperable, sería justo lo contrario: desesperarse. Literalmente, este *hupomeno* significa *morar, estar bajo, ser en,* con una fijeza y determinación antónima de cualquier atisbo de accidentalidad. De alguna manera, esa resistencia activa, esa firmeza a pesar de todo pesar, esa valiente y decidida perseverancia con la vista puesta en la promesa, está indicando también un modo de existir presente que está iluminado por el futuro que termina siendo entendido como sostén de todas las amenazas que tiene la existencia. Esperar, en ciertas circunstancias, ante un oscuro pronóstico, es una actitud más bien inesperada justamente por lo extraño que resulta esperar en un clima de tal desesperanza. La esperanza consiste en la no aceptación de lo inevitable con la paciencia adjunta que pone las dosis de realismo y de madurez personal precisas. Paciencia que aporta la convicción de que el tiempo transformará, cambiará, suprimirá o dará un nuevo sentido a eso que ahora conduce casi indefectiblemente al pesimismo. Más auténtica es la esperanza, entonces, cuando menos esperado sea si quiera la posibilidad de hacerlo. No claudicar ante el destino fatal que se prevé hace de la esperanza un modo excelente, virtuoso, por todo lo que tiene de *sobrenatural*, por todo lo que tiene de actitud excepcional a pesar de la previsibilidad de lo fatal. Claudicar —explica Marcel— consistiría, por el contrario, en ceder a la fascinación por la destrucción hasta el punto de contar como una profecía autocumplida, como un modo de anticipación a esa destrucción[150].

---

[149] MARCEL, *Homo Viator,* p. 47.
[150] MARCEL, p. 50.

«Es más inteligente ser pesimista (...) Por eso el optimismo está desacreditado entre los inteligentes. En esencia el optimismo no es un punto de vista sobre la situación actual sino una fuerza vital, una fuerza de esperanza; allí donde los demás abandonan, existe la fuerza de mantener la cabeza alta; allí donde todo parece fracasar, existe la fuerza para soportar los reveses, fuerza que nunca entrega el futuro al enemigo, sino que lo reivindica siempre para sí»[151].

La esperanza ofrece, entonces, una perspectiva distinta a la vivencia del presente al que sirve de alimento y al que sostiene dándole aliento. La esperanza, esa «rocosa entraña de lo eterno» en palabras de Unamuno, contagia la existencia presente del futuro que cambia la vida, apuntando hacia esa dimensión moral en la que venimos insistiendo. Pero en un contagio del todo diferente del optimismo contemporáneo del pensamiento positivo que nunca cuenta con la apertura del tiempo, ni respeta lo venidero, ni acepta la lógica indescifrable de lo incierto. «Todo va a salir bien» no es una proclamación de esperanza, sino de un optimismo absurdo que, por falta de hacerse cargo de la realidad tal como es, provoca creencias ridículas y suscita decepciones de singular hondura, nada más que se pisa el barro de la verdad del acontecer humano.

El ser humano es el que tiene *voluntad de futuro,* que diría Bonhoeffer. La fe va de tener por cierto que la cruz no es la última palabra y que sólo la resurrección que se espera otorga sentido a las tristezas presentes. ¿Hay alguna experiencia más acorde con la constatación de la dimensión hontanar del futuro que la de la esperanza? La fe va de experimentar, entonces, que aquel acontecer futuro va haciéndose presente, va *adviniendo,* va transparentándose a pesar de las opacidades que *tinieblan* la luz natural de la existencia. Creer, para un cristiano, es experimentar ya aquí, a pesar de todo, algo del *todo definitivo* que se espera. Creer es hacerse cargo de hasta qué punto el tiempo vivido no es el tiempo cronológico. Pasado, presente y futuro no se viven en ese orden precisamente desde el momento en que la fuente donadora de sentido es el *haber de ser* en el que se condensan los contenidos de la creencia. La incertidumbre, esencialmente consti-

---

[151] BONHOEFFER, p. 28.

tutiva del futuro, no es del todo consustancial al futuro del cristiano. Hay una ignorancia relativa a cómo se nos va a dar la existencia concreta en este mundo concreto, es evidente. Pero hay una certeza que compensa todo lo demás y que, necesariamente, tiene que afectar a cómo se vive el hoy. Este *mañana* que alimenta la promesa es lo que Badiou denominó *acontecimiento verdad*[152] esto es, la resurrección de Jesús de entre los muertos y la promesa de que ese es el destino que espera a los que creen que él es el Señor. Desde esta perspectiva de Badiou, puede entenderse que Pablo no se invente unas nuevas reglas de vida, sino un nuevo modo de ser en el que «la locura, los escollos y la debilidad toman el lugar de la razón, el buen orden y el poder»[153].Y esto es lo que el mundo no entiende. Esta es la locura y el escándalo para el que vive sin fe. Es la locura y el escándalo de la cruz que, en realidad, lo es porque es imposible que la fe pueda compensar el aprecio por el sufrimiento si no es desde una patológica actitud masoquista.

Así que el hoy y el mañana, desde este prisma de la temporalidad de los afectos, resultan diluidos en sus fronteras cronológicas. El hoy es el presente en el que se está, del todo imbuido por el mañana que se espera y al que se aspira. Y este mañana con tintes absolutos y definitivos es en el que consiste la esperanza mayúscula que se funda, cada vez más, en la debacle de esperanza en la que vive toda finitud, en el *esperar contra toda esperanza* (Rm 4, 18). Recuérdese la célebre frase de Benjamin: *por mor de los que han perdido toda esperanza, nos ha sido dada la esperanza*. Aquí pone su tienda la dimensión profética o la perspectiva trascendente de la esperanza, según lo diga Gabriel Marcel o Ernst Jünger: en esa virtuosa capacidad de insistir en un futuro que haga soportable la acción y la vida, hoy y aquí, sin caer en la trampa del puro presente cuyo sinsentido y desesperación son más que evidentes. En el *tiempo abierto* de una esperanza que tiene que dar de sí frente al tiempo cerrado de la desesperación propia de la actitud clausurada a lo nuevo y, en el extremo, a la asunción del *ya no hay nada que hacer*. En ese sentido, el tiempo cerrado es un tiempo desesperante en el que

---

[152]   Cfr. A. BADIOU, *San Pablo. La fundación del universalismo.*
[153]   *Ibid.*, p. 50.

parece todo detenido, y por tanto, todo igual en un sinsentido repetido y permanente, o todo cambiante, sin que el cambio reporte novedad alguna.

El mañana *todavía no* es. Mejor dicho, por definición, el mañana es en su *nunca ser del todo*. Para bien y para mal. Para bien, porque la esperanza siempre está pendiente, siempre está por ser, como corresponde a la actitud de la espera en que se sostiene, y para mal porque, de alguna manera, siempre estamos enrocados en lo mismo y nunca estamos preparados para el auténtico acontecer de la verdad, recordando el final del célebre soneto de Lope de Vega: «*mañana le abriremos —respondía— para lo mismo responder mañana*».

Y una palabra más: la vivencia de la esperanza es siempre en la comunidad, recuerda Pablo e insiste toda la tradición que va desde Agustín a Gabriel Marcel, sobre todo porque quizá, la desesperación tenga demasiado que ver con la soledad[154]. El *ego cogito* no tiene esperanza porque anda obnubilado por sus intereses particulares. Por eso lo que espero es lo que *esperamos*. Y sólo puede entenderse la esperanza fuera de los dominios de una epistemología precisamente porque la lógica de la esperanza se desentiende de la tendencia obsesiva a diferenciar lo que se conoce y lo que se quiere[155]. El ser humano sólo, en lo que significa el auto-centramiento del hombre en sí mismo, en lo que supone la conciencia enclaustrada en un origen y un final en el que uno está sólo, no puede tener esperanza. La esperanza, a pesar de toda atmósfera de desesperación en la que se esté, nace, entonces, de la experiencia fuerte de la donación, del rebosamiento del sí mismo en el afuera que son los demás, de la apertura de todo ser *sí mismo* a los otros. Es, en definitiva, la lógica del amor en la que debe entenderse la esperanza. Amo, luego espero, podría decirse. Esperar es saberse en la comunión con un tú, en la constitución de un nosotros, lo hemos visto más arriba. Esperar es *esperar en ti,* en cuanto otro que yo, confiar en ti, sostenerme en ti, dejarme en ti, *darte crédito*. Cómo sea y cómo se entienda la relación del otro conmigo mismo es fundamento para entender lo que sea la esperanza.

---

[154] MARCEL, *Homo Viator,* 70.
[155] Cfr. G. MARCEL, *Homo Viator,* 20.

«… el amor y la esperanza son inseparables. No existe esperanza posible para un ser sin amor, sino solamente codicias o ambiciones, ya que toda ambición intenta procurar satisfacciones de un cierto orden»[156].

Con todo, por mucho que pase el tiempo, el mañana que se espera y que sostiene y *afecta* al presente siempre será el mismo mañana, el que todavía está por venir. El mañana nunca será pasado, aunque transcurra el reloj. En la otra dimensión, sin embargo, en la otra orilla, ya sin cronómetro que cuente el paso, en el tiempo en el que «ya no habrá tiempo» ((Ap 10, 6) el mañana será todo y solo presente. Porque la eternidad que se espera es exactamente el tiempo *sin tiempo* en el que lo único que no habrá será, curiosamente, mañana. El pasado habrá sido recapitulado y condensado. El presente perfecto lo será todo porque el instante, ahora sí, se habrá llenado por completo, lo veremos más abajo. Es evidente que nos referimos al futuro *transhistórico,* al futuro que no entra en la lógica de la temporalidad ni de la historia que en ningún caso estará afectado por el paso del tiempo, esto es, que nunca se convertirá en presente para ser pasado.

El capítulo comenzó hablando de las disposiciones afectivas y de su papel en la comprensión de la existencia humana. Y todo para advertir que la esperanza tiene de emoción lo que tiene de pasión y que la pasión de la esperanza solo puede entenderse desde la aceptación del futuro, con toda su incertidumbre, con toda su apertura, con todo lo que tiene de porvenir…

El que espera, el que consigue estructurar su personalidad en la espera, esto es, el que se habitúa, siguiendo las pautas naturales de desear, de proyectar, de aspirar.. se va convirtiendo en hombre de esperanza en la medida en que, siendo *homo viator,* ser humano en camino, es un *homo pugnator,* «un resuelto combatiente hacia su propia grandeza»[157]. Y los hombres de esperanza son aquellos que hacen experiencia de la intransitividad del esperar,

---

[156]   MARCEL, *Homo Viator,* 306.

[157]   LAÍN ENTRALGO, p. 99. Define varios cientos de páginas después la esperanza, ateniéndose a la originariedad de la espera, como «un hábito de la segunda naturaleza del hombre, por obra de la cual éste confía de modo más o menos firme en la realización de las posibilidades de ser que pide y brinda su espera vital», p. 572.

es decir, de la actitud que configura un modo de ser, el de la espera, que no está sustentada en ningún objeto ni en ningún objetivo determinado.

> ¡Qué jugo apacible de felicidad, de resignación al destino debe dar en los días de nuestro sol más breve el recordar esperanzas que no se han realizado aún, y que por no haberse realizado conservan su pureza![158]

La espera es tanto más fecunda y real cuanto más se vive en su incompletud esencial, en lo que es en cuanto abierta, despojada, no sometida. En cierto sentido, como la libertad. Ser libre es descubrirse libre, esto es, encontrarse abierto y capaz, sin rémoras ni atajos. Ser libre es saberse tan situado como proyectado, tan anclado en el ser que circunstancialmente determina, como despojado ante el *haber de ser* que es siempre un *poder ser* que todo lo renueva y cambia. La espera lo es por ser sólo la actitud del esperar sin más, capaz después de completarse con la esperanza, con la virtud que ya tiene disponible el contenido concreto que rellena todo cuanto falta al sentido de lo que se vive. La actitud de la espera y la virtud de la esperanza se condicionan y se completan en el modo de ser experimentadas. Lo que se espera, se experimenta en su *todavía no ser*[159]. La espera y la esperanza son algo así como el modo de ser y su sentido. Sólo los seres humanos fraguados en la espera, esto es, abiertos a la riqueza y, por tanto, a la sorpresa y a la variedad del existir siempre incierto y desconocido, pueden ser seres humanos esperanzados, seres que concentran la expectativa insegura connatural al existir, en el objeto y en el objetivo dador de sentido al vivir. La espera es la actitud movida por la pasión que apasiona y orienta hacia el futuro. Es propia del tiempo de la transición y de la incertidumbre. «El que sabe esperar sabe vivir en el condicional», sostiene Köhler[160]. La esperanza es la vivencia del futuro en un *ya estar siendo* que provee de sentido el ir pasando del presente.

---

[158]   UNAMUNO, *Del sentimiento trágico de la vida,* p. 196.

[159]   «Oh Tiempo, oh Todavía preñado de inminencias. Tú me acompañas en la senda fría, tejedor de esperanzas e impaciencias». A. MACHADO, *Cancionero apócrifo.*

[160]   A. KÖHLER, *El tiempo regalado. Un ensayo sobre la espera,* p. 12.

Por eso, en la economía de la historia de la salvación tienen que ir unidas la espera y la esperanza. La espera en la que fue educada la sensibilidad religiosa de Israel. El Dios revelado es el Dios de la promesa, el que revela su ser en un *todavía por ser* de la historia que tiene que ir haciendo el pueblo a medida que sea consciente de la alianza. «El Dios de Israel es el que está presente allí donde se aguardan sus promesas en esperanza y cambio»[161].Y de la espera del pueblo judío a la esperanza realizada en Jesús y prometida en su *parousia*. La espera abierta en un futuro que compensara el desierto y la opresión. La esperanza fijada en el acontecimiento que marca la plenitud del tiempo: el Dios hecho hombre. El que vino en la encarnación, volverá al final. Y aquella espera que iba teniendo forma de una tierra que mana leche y miel se vive definitivamente como esperanza de una vida definitiva. La intransitividad de la espera culmina con la transitividad de la esperanza en la transitoriedad de la existencia.

Pero ¿no es una especie de ilusión peligrosa esta de la esperanza? ¿No es la esperanza, igual que el miedo, un enemigo del hombre (Goethe) que, del todo, mata toda experiencia de poder agotar la riqueza del presente y gozar así de la *ataraxia* que otorga la paz frente a la preocupación por el futuro que nunca acaba? O en palabras de Moltmann, ¿no arrebata engañosamente la esperanza al hombre de toda felicidad del presente en la medida en que, esperando vivir no vive, aguardando a ser feliz, no lo es?[162] Ahora bien, ¿no es el futuro de la esperanza el que sostiene y fundamenta cualquier posibilidad de transformación?

Sin futuro no hay espera; sin promesa no hay esperanza. El que vive en el presente, el que glorifica solo lo que hay y lo que sucede, el que confía en la potencia del aquí y del ahora, no espera. No puede. Lo tiene todo. No le está permitido esperar nada. Y al no esperar no puede confiar en el cambio ni en la transformación. Todo es así; así es la vida; los hechos son incontestables… significa que nada puede ser de otra manera. Este fue el drama del positivismo detectado por Adorno en *Minima moralia*.

---

[161] J. MOLTMANN, *Teología de la esperanza,* p. 38.

[162] J. MOLTMANN, *Teología de la esperanza,* p. 33.

El positivismo, al mantenerse en el estricto nivel de lo que hay, termina decretando que eso es lo único que existe: que la realidad no puede ser concebida como *no debiendo ser así,* a no ser que se caiga en la vana ilusión del soñador o del poeta.

Glorifica el presente y, por consiguiente, obtura cualquier actitud de espera, también, quien se adelanta a vivir la vida de los otros sin reconocer la posibilidad de un cambio, de un giro, de una vida distinta a la de ahora. El famoso *si no te conociera yo* cercena cualquier reconocimiento de renovación o de transformación. Hasta tal punto es totalitario ese modo de anular toda expectativa que, aunque los hechos certificaran un auténtico cambio y atestiguaran una revolución total en sus modos habituales de existir, siempre podría juzgarse la dirección de la intención del otro con el criterio anterior que le impide su derecho a ser de otra manera. Esto es, aunque el acto real demostrara con evidencia el cambio, siempre podría decirse que la intención era otra.

En suma, la espera abre horizontes que la esperanza va concretando y que devuelven sentido al rocambolesco pensar que no hay nada más que hacer y que, en tal caso de que haya futuro, solo lo será en forma de un destino implacable e inapelable. La vida humana no puede desenvolverse así. Ni en la consideración de que vivir es apurar la última gota del momento que cierra ojos al mañana, ni en la asimilación de que lo que pase en todo caso y siempre estará fuera de nuestro alcance y de nuestras previsiones y posibilidades.

> Quien tiene una esperanza fuerte reconoce y fomenta todos los signos de la nueva vida y está preparado en todo momento para ayudar a que vea la luz lo que está preparado para nacer[163].

¿Dónde creo que se vive concretamente esa experiencia de la espera que posibilita la esperanza? En la confianza. En el *emunah.* En el Amen que dice que espera en el otro sin esperar nada en concreto. En el Amén que pone la verdad fuera de los cauces habituales del conocimiento para dejarla en el

---

[163] E. Fromm, *La revolución de la esperanza,* p. 21.

abandono de una fidelidad absoluta, de un contigo siempre, sin más. En el Amén que permite dejarse, lanzarse, abrazarse a lo *por ser* con tal de que lo sobrevenido sea siempre recibido de la mano de otro, de otros, de un absolutamente otro.

Espera el que ama porque el amor es, por su propia naturaleza, siempre incompleto, siempre inquieto, siempre insatisfecho. Por eso, en el último capítulo de este libro, insistiremos en la constitución temporal del amor del todo apegado al adverbio *siempre* como apoyando la perpetua vinculación entre la capacidad de amar y el modo de hacerlo en el tiempo superando así, precisamente, el tiempo.

> El tiempo no es redimido ni mediante una huida a la eternidad de carácter platónico, ni mediante una entrada mística, en sentido vertical, de lo eterno en el presente, sino por la conversión del ahora en portador y receptor de su futuro, su *telos*, del fin último para el que existe[164].

---

[164]   Zizioulas, p. 21. «La entrada de los últimos días, de la escatología, en la historia libera sus acontecimientos de la prisión mortal que teje en torno a ellos la división del tiempo de la historia entre un *antes* y un *después* garantizando su existencia *por los siglos de los siglos*». p. 343.

X

EL *TODAVÍA* DE LA PREGUNTA

Que el ser humano sea un ente, ante todo, abierto parecía ser la mejor caracterización de un modo de ser, el nuestro, perfectamente imperfecto, completamente incompleto. Apertura y posibilidad determinaban esta esencia indeterminada y por hacer, esta yección proyectada de nuestro ser, según Heidegger. Pero, además, este modo de ser inconcluso y extrovertido, hacia fuera e inquieto, se mostraba en su capacidad para la pregunta. Preguntar es asumir existencialmente no sólo que no se sabe, sino que no *se* sabe, que no las tenemos todas con nosotros mismos para agotarnos en lo que somos. Preguntar, en suma, es preguntarnos. En la misma línea había pensado Sartre: la libertad y la conciencia humana, el *para sí,* lo es por estar siempre en cuestión, porque su ser está siempre interrogado por no estar nunca dado. Quizá forzando un poco el argumento de *El ser y la nada,* podría asumirse que la pregunta explicita el *todavía* de nuestro existir en la medida en que implica el *no saber* acerca de lo que se pregunta, la posibilidad de obtener una respuesta negativa acerca de lo que se pregunta o, en tercer lugar, la posibilidad de que la respuesta implique una afirmación que, en su determinación, en su definición, esté implicando que algo es en su modo de *no ser otra cosa.* Preguntar, en esa afectación personal al sí mismo, implica más o menos explícitamente, *preguntarse,* y esto no es sino un acto de corroboración de un ser que tiene que ser en un *todavía* siempre sediento de respuestas, siempre cargado de preguntas. «La pregunta es la expresión racional del proyecto; el proyecto es el fundamento vital o existencial de la pregunta»[165].

---

[165] P. Laín Entralgo, *La espera y la esperanza,* p. 509.

Agustín es el primer y mejor mentor del interior del hombre en el que toda pregunta resuena, recordando el sentido metafórico residente en el origen etimológico del *percontari,* del sondear el fondo. El interior donde el ser humano descubre su identidad precisamente al ritmo que descubre su experiencia de Dios. Una experiencia que nunca está apoyada ni en hechos ni en cosas, sino en el sí mismo de cada hombre en su pequeñez y en su singularidad. La nada del hombre alberga la huella de la grandeza del misterio. Por eso, el misterio de Dios acontece como experiencia en el interior del hombre, en el lugar donde habita el misterio de lo humano. Pero esa experiencia interna es constatable una vez que uno mismo se ha puesto en cuestión: *questio mihi factus sum.* Confesarse ante una trascendencia que todo lo sabe solo puede tener sentido desde esta nueva necesidad de saberse[166]: la inmanencia busca abrigo en la trascendencia. El acceso al interior[167], el volverse problemático para sí mismo, es el resultado de la pregunta que ya no encuentra satisfacción en la connatural versión exterior de lo humano[168]. Muy al contrario de las respuestas del mundo, es en el interior donde *habitat veritas* y donde se puede escuchar a Dios. Si hay teología, entonces, solo puede ser desde una filosofía de la interioridad. La inmanencia encuentra su redención en la trascendencia. No hay otro camino al afuera siempre mayúsculo que el de la interioridad. A la totalidad por la finitud; a la salvación por la precariedad; a la gracia por la debilidad.

---

[166] «Cognoscam te, cognitor meus, cognoscam sicut et cognitus sum». *Conf.* X. I, 1.

[167] En el Prólogo a *Contra Academicos,* Agustín escribe a Romaniano que no cesa de rogar a Dios para «que te vuelva a ti mismo (…) y tu ánimo, impaciente por respirar, salga, por fin, a la atmósfera de la verdadera libertad». 1. 1. 1. Poco más adelante explicará que, vivir la verdadera vida significa vivir según la razón. ¿Dónde radica la verdadera sabiduría? En apartar de su mente todos los lazos corporales y concentrarse en sí mismo: «cum ab omnibus involucris corporis mentem quantum potest evolvit et seipsum in semetipsum colligit». 1. 8. 23. El premio de la confesión —escribe Sloterdijk— es que quien dice la verdad entra en la verdad instaurando así el drama lógico de la intimidad. «Después de la conversión a la religión verdadera, la verdad ya no puede valer meramente como una propiedad de proposiciones y discursos; por así decirlo, la verdad tiene que conformar el *en* en el que todo discurso y vida queden sumergidos», p. 95.

[168] Confesar a Dios forma parte del mismo movimiento de humillación, de abajamiento: «nihil est aliud confiteri tibi quam displiceri mihi». *Conf.* X, 2, 2.

Se puede ver en las *Confesiones* algún antecedente preclaro de la feno-menología del preguntar en el sentido arriba descrito como *preguntarse*. Para Agustín, el acceso al interior se genera en la necesidad de preguntar que, ante todo y sobre todo, implica buscar. Un buscar que, gracias a la participación directa de la memoria (que nos permite recordar y de algún modo *ya saber* lo que buscamos) puede entenderse como un *ya-haber-encontrado*. Sólo buscamos lo que sabemos ya, o lo que en algún momento hemos sabido, pero hemos olvidado[169]. De ahí el influjo capital de la memoria, con todas las resonancias neoplatónicas al respecto.

Pues bien, si se profundiza en esa comprensión primera del preguntar, se descubrirá la faz meditativa del hecho mismo de la pregunta en la medida en que la pregunta no es la contrapartida de la intención de alcanzar segu-ridad, ni del deseo de saber que, desde Aristóteles, parecía mover a todos los hombres, sino la «búsqueda que ama el abismo»[170]. Así, por medio de la pregunta, por medio de esta expresión de la renuncia a lo dado, por medio de esta manera de ser buscador (que Heidegger asemeja a ser guardián, cuidador), el hombre descubre la indigencia del abandono del ser en la que reside, quién lo iba a decir, la verdad misma del ser. Hacerse cargo de la pregunta, en cuanto meditación, exige tomar en cuenta la repercusión que esa indigencia tiene en aquel que busca la verdad. Aquello que es objeto de la pregunta nunca termina de darse del todo, de la misma manera que la meditación es una tarea siempre inconclusa, una manifestación del *todavía no ser* de aquel cuyo modo de ser es el del permanente cuestionamiento.

Toda meditación acaba siendo, entonces, una *automeditación,* un hacerse cargo de nuestra propia experiencia interior, de la misma manera que en toda pregunta es uno mismo quien también se pone en cuestión. Pues bien, esta experiencia interior es la que —según san Agustín— aspira a la

---

[169]   La búsqueda sólo puede ser «per recordationem (…) oblitumque me ese adhuc teneam». *Conf.* X, 20, 29.

[170]   Cfr. HEIDEGGER, M., *Beiträge zur Philosophie,* p. 12. El preguntar suscita de inmediato la sospecha del vacío aferrarse a lo inseguro, indeciso, indecidible. Se excluye como un retirarse del saber a la quieta meditación. Cfr. p. 10. Preguntar es meditar en cuanto poner en cuestión el sentido, en cuanto pregunta por la verdad del ser, en cuanto salto hacia su esencia. Cfr. p. 43.

felicidad, a una *vita beata* que no tiene componente sensible, que no es un mero estado material, y que siempre está pendiente de ser conseguida por todos los hombres. Y de entre todas las búsquedas, solo colma esa ansia de gozo verdadero el gozo de Dios. Es fácil, entonces ver que, si en el interior está la verdad y ese interior busca una plenitud auténtica, termine diciendo que «veritas est vita beata».

Creemos que es muy importante introducir aquí el adjetivo referido a la autenticidad porque, según Agustín, la mayoría de los hombres colman su búsqueda entregados a otros asuntos más bajos, menos trascendentes («fortius occupantur in aliis») con la constatación de que todo esto externo en lo que cifran su felicidad es, además, costoso y fatigoso[171]. Cuando la felicidad apunta al objeto exterior que poseer, siempre se piensa que así queda colmada la infatigable búsqueda del ser humano. Un ser humano volcado en las cosas, con tendencia obsesiva a descansar en ellas y con una mirada al mundo que sólo encuentra sentido en la posesión del mismo, es un ser humano lastrado en su necesidad de buscar, anulado en su ser interrogador. Cuando la felicidad a la que se aspira se confunde con la satisfacción de los bienes exteriores (por otro lado, necesarios y por qué no buenos), el hombre está abandonando su ser *todavía por ser,* su tarea de ir haciéndose y construyéndose, y cambiándolo por un modo de ser que no es otra cosa que un cúmulo de estímulos por colmar. Vuelven a la carga el *todo* y la *nada*. Cuando el ser humano se piensa desde el *todo,* y se piensa como necesitado de una completud a la zaga de las cosas, nunca se descubrirá constitutivamente *en falta,* nunca sabrá que su insatisfacción constante forma parte de su ser fragmentario. Los satisfechos —sostiene Unamuno— no aman. Se acostumbran, pero «acostumbrarse es ya empezar a no ser»[172]. Nada nunca podrá llenar del todo el vacío de un ser que existe y encuentra sentido no en

---

[171] «La causa principal del error humano es que el hombre no se conoce a sí mismo. Para conocerse es necesario separarse de la vida de los sentidos y replegarse en sí y vivir en contacto con la voz de la razón». *De Ordine,* 1. 1. 3. Y un poco más adelante insiste: «Quisquis ea sola novit, quae corporis sensus attingit, non solum cum Deo esse non mihi videtur sed ne secum quidem». *De Ordine* 2. 2. 5.

[172] UNAMUNO, *Del sentimiento trágico,* p. 202.

el *no ser* de la costumbre que no busca y a todo se adapta, sino en el *todavía no ser* de la inquietud y del proyecto.

Toda ocupación de la vida habitual es esencialmente caída que termina confundiendo y alterando los términos del amor y de la verdad: ya no es que los hombres amen la verdad, sino que quieren *que lo que aman sea la verdad,* según Agustín. Esta forma de trastocar los contenidos de la verdad y el nivel afectivo que les corresponde provoca la cerrazón a oír lo que de verdad importa y los convierte en oyentes, solo, de lo que a ellos les importa. El problema de la inautenticidad es que ni siquiera considera importante preguntarse por el cómo de su pregunta, esto es, por la actitud que el hombre posee para enmendarse en función de la verdad. Y todo ello por el miedo a la desnudez del vacío, a la cobardía ante las imposiciones de la moda o de la tradición… ¿Dónde radicaría si no ese esfuerzo ímprobo por dar con una verdad no verdadera en las cosas, en el mundo, cerrándose a la auténtica felicidad que radica en la vuelta a sí?

Los hombres están asediados por el miedo a ser descubiertos por la verdad; por la vergüenza que sucede cuando se levanta el telón de la mentira y la nuda realidad queda a la intemperie; por la reiteración de aquella primera experiencia de Adán y Eva que tienen que cubrirse por haber sido descubiertos. Este es, entonces, el sentido de las *Confesiones*: el estar del yo ante mí mismo hace pasar a primer plano la gran cuestión sobre quién sea este que soy yo. Se trata del acceso al otro hombre, al *hombre interior* que deja en evidencia al hombre exterior, la oportunidad para el *paso atrás* de las urgencias de la vida, para el retiro de las certezas mundanas, para *entreparentesizar* las demandas del mundo y encontrarse consigo mismo.

Por medio de la confesión, el yo se pone ante sí para descubrirse afectado por las *tentationes* (ya sean las que tienen que ver con la *concupiscentia carnis,* con la *concupiscentia oculorum* o con la *concupiscentia saeculi*)[173]. Y

---

[173] Pueden parecer igual todas las tentaciones, pero no lo son. Heidegger se dedica desde el parágrafo 13 de «Agustín y el neoplatonismo» a exponer las diferencias notables entre ellas lo que le permite una exposición fenomenológica de las mismas. Tiene especial importancia la *ambitio saeculi*, la que tiene que ver con el modo en el que ser humano *se da importancia,* la manera en la que el hombre se sitúa en una verdadera posición de superioridad y entendiendo,

esto es ahora lo decisivo: solo puede hablar de tentaciones el que se sitúa a distancia del común discurrir de la vida siempre empujada al mundo. Por ello, la oportunidad de una confesión, tachada de absurda por incomprensible para el modo habitual de ser hombre, solo puede ser comprendida en su sentido completo por el ser humano preocupado por serlo del todo, del ser humano preocupado por su autenticidad. La llamada de la fe, por eso, es, antes que nada, una llamada a la vida interior, al conocimiento de sí, al *noli foras ire*. La fe tiene entonces esta vertiente antropológica central que podríamos resumir así: creer es posible *creyéndose*. La inquietud constante por esa felicidad, que nunca lo es del todo en las coordenadas de lo inmanente, acontece con una *Befindlichkeit* de serenidad y de paz interior que contraviene la aparente quietud que dan las cosas en una seguridad que no hace más que inquietar al hombre que nunca se encuentra saciado con ellas.

Llevamos en nosotros mismos el sello de la indigencia; nuestra propia carne es su mejor exponente. Somos constitutivamente menesterosos. Nuestra cotidianidad es un periplo de servidumbres y de necesidades: desde la más básicas, a las afecciones del dolor que reclaman ser paliadas. Todas ellas apremian y todas ellas forman parte del puro hecho de existir[174]. En el placer de la plenitud que se experimenta en la recompensa de la necesidad sentida reside la raíz de toda *concupiscentia*. Es como si el mundo pudiera curar nuestras heridas, rellenar nuestras carencias, reparar nuestras roturas. Y entonces, al trasponer esa economía mundana a todas las demás dimensiones del hombre, o se sorprende al mundo en su silencio ante lo que de verdad nos preocupa esencialmente, o el hombre termina convenciéndose de que todos aquellos cuestionamientos tan profundos de nada sirven. La clave es la siguiente: la experiencia del encuentro con la verdad,

---

entonces, la convivencia en el mundo compartido como una expresión de sus imposiciones a los otros. En este caso, el *curare* del mundo en modo tentación termina construyendo —sostiene Agustín— una *misera vita* movida por una *foeda iactantia*.

[174] «La experiencia de Dios no radica, por el contrario, en el sentido de Agustín, en un acto aislado o en un momento determinado de un acto tal, sino en un nexo de experiencia de la facticidad histórica de la propia vida. Esto es lo auténticamente originario». HEIDEGGER, «Agustín y el neoplatonismo» en *Estudios sobre mística medieval*, p. 150.

que es la experiencia de la *reducción a sí,* queda blindada para cualquier
intelección exclusivamente teórica. Se hace necesaria la incorporación de
los estados de ánimo[175] a la comprensión de lo que signifique *ser* para este
ente que somos cada uno de nosotros. Por ello, la señal inequívoca de que
uno ha dado con la verdad es el gozo pleno, el deleite verdadero, la misma
vida: «cum inhaesero tibi ex omni me (…) et viva erit vita mea»[176]. Pero,
probablemente, esta maduración siempre llega tarde. La biografía de Agustín es un claro exponente de cuánto hay que perderse para luego encontrarse. Por eso, «sero te amavi, Domine». Siempre es tarde, pero siempre se
está a tiempo. Porque la tendencia natural a la dispersión, a abandonarse
al mundo[177], a disfrutar de sus placeres y a huir de sus peligros, neutraliza
cualquier intento de pensar.

Cara al mundo no cabe otra cosa que la disipación en lo mundano y
el desmoronamiento de la existencia. La constante versión hacia afuera,
la entrega sin par a las demandas del mundo es una expresión evidente
de egoísmo. Y esto es porque, a pesar de las múltiples diferencias entre la
tipología agustiniana de la *concupiscentia,* todas ellas son modos del vivir
tentado, así que entre ellas debe existir un denominador común. ¿Qué tiene
que ver, entonces, la inclinación a los deseos de la carne, con la curiosidad y
el querer saber *solo por tener sabido* (que diría Heidegger) o el ansia de reconocimiento y de poder? Que todas ellas son maneras de dejar a la naturaleza
humana campar a sus anchas, sin control, sin medida. Que todas ellas son
modos de *dejarse caer* [178]. *Que todas ellas son modos de renunciar a un todavía
por ser* de este ser, por siempre, completamente incompleto.

---

[175]   «Non intratur in veritatem nisi per charitatem», había escrito Agustín.

[176]   *Conf.* X, 28, 39.

[177]   El hombre de espaldas a Dios acaba siendo un *deforme* que «se lanza sobre las cosas
hermosas que tú creaste». *Conf.* X, 27, 38. Es interesante observar cómo toda la tradición pau-
lina-agustiniana-luterana expresa el modo de vida mundana con palabras que connotan caída,
descenso, abandono… «Con el peso de mis miserias vuelvo a caer en estas cosas terrenas y a ser
reabsorbido por las cosas» *Conf.* X, 40, 65.

[178]   De toda la tipología de las tentaciones, la que toca más la médula de lo humano es
la que tiene que ver con el tomarse uno como importante. Este modo de gustarse a sí mismo

Efectivamente, bajo las especulaciones agustinianas no solo hay una experiencia vital real, que sigue aconteciéndonos y en la que fácilmente podemos vernos identificados, sino un aparente pesimismo antropológico: el hombre, por sus propias fuerzas, no puede acertar a vivir auténticamente. La experiencia humana, sin Dios, acaba siendo una experiencia inhumana. Pero esto solo lo sabe quien *gira la mirada*. Aquella transformadora experiencia platónica del prisionero de la caverna que cambia la dirección de su mirada para inaugurar otro modo de pensar, esto es, otro modo de vivir, se reedita ahora en la llamada a un cierto tipo de conversión como la que supone pasar de fuera a adentro, del hombre exterior al *hombre interior*. No es solo entonces que Agustín posea una antropología pesimista que necesite acudir a la gracia divina para sostener la existencia constitutivamente abismada del hombre, sino que esta constatación de la tendencia natural del hombre a hacerse a sí mismo de espaldas a Dios posee la inamovible certeza de cuán ciego es nuestro destino sin la luz que al revelársenos, nos revela. La carga de la existencia empieza a mostrarse onerosa en el momento en el que hombre cuenta solo con sus posibilidades[179].

Podemos entender, desde nuestra interpretación fenomenológica de las *Confesiones*, cómo en Agustín se exponen esas dos dimensiones de la caída de las que se hará cargo la analítica existencial heideggeriana: la que corresponde al arrojamiento del ser humano a la existencia, a su «ser echado al mundo» que diría Pöggeler, y al modo de redundar en esa cadencia propio de la existencia inauténtica. Y es que las *Confesiones* habían insistido tanto en la imborrable mancha que determina el recorrido de lo humano, como en la gracia que, asumiendo la debilidad de la naturaleza, la lleva a

---

acontece o bien porque se toman por buenas las cosas que no lo son, o porque se consideran como propios los bienes que son de otros, o si los consideran divinos los atribuyen a sus propios méritos, sostiene Agustín. Esto constituye, ahora en palabras de Heidegger, «la posibilidad de la caída abismática y del genuino perderse uno a sí mismo». HEIDEGGER, M., «Agustín y el neoplatonismo», p. 97.

[179] «Como al que tú llenas lo elevas, me soy carga a mí mismo, porque no estoy lleno de ti». *Conf.* X, 28, 39.

su perfección[180]. ¿No puede ser entendida la gracia desde Heidegger, en cuanto incitación a lo que salva, como una indicación formal de lo que se quiere decir con el pensar en cuanto apertura al misterio? (*Offenheit für das Geheimnis*). La cerrazón a la gracia podría, entonces, ser explicada como una *huida del hombre ante sí mismo*. Ese bloqueo de lo trascendente, en nuestra opinión, obtiene los mismos rendimientos para el hombre que la falta de pensamiento que conmina al ser humano a vaciarse en el mundo, a abandonarse en las promesas de la técnica, a razonar desde el único patrón de racionalidad, a, en definitiva, insistir más en su constitución cadente. Desde aquí la vida humana cae, se abandona a sí misma, se debilita, se dispersa.

La redención comienza siempre en Dios, pero de nada sirve si el hombre no se convierte. La experiencia fenomenológica, ya en Husserl, había asumido este cambio existencial parecido a una conversión religiosa[181]. La tentación, el enemigo de nuestra propia felicidad[182], está en el mundo y en la mundanización de todo lo humano hasta conseguir des-autentificarlo al proyectar sus lógicas a lo propio del hombre. La tentación conecta con la naturaleza humana en sus pasiones, en sus ínsitas inclinaciones y en sus carencias. Pero esa conexión no sólo es más débil de lo que aparenta[183], sino que acaba construyendo una concepción de hombre que desatiende a su interior, y por tanto a aquella dimensión donde radica la verdad de su ser creatura, el sentido de su vida y la fortaleza para ese *otro modo de vida* que acontece, y esto es claro en Agustín, desde el *otro modo de pensar*. Por ello, ese otro pensar es el modo de *continentia* ante la *tentatio. Continentia* que no significa propiamente

---

[180] «Por la dulzura de la gracia divina (…) el hombre termina siendo consciente de su debilidad». *Conf.* X, 3. 4.

[181] «La actitud total fenomenológica y la epojé pertinente está esencialmente llamada a obrar, en primer lugar, una transformación personal que tendría que ser comparada con una conversión religiosa, la que más allá de eso entraña en sí el significado de la más grande transformación existencial que se ha propuesto al ser humano como ser humano». Husserl, *La crisis de las ciencias europeas,* p. 144.

[182] «Adversarius verae beatitudinis nostrae». *Conf.* X, 36, 59.

[183] Por eso, el de Hipona sabe que la justificación tipo «el ser humano es así» o similar, no es más que una excusa que, en realidad, desconoce lo que sea la naturaleza del hombre. Cfr. *Conf.* X, 37, 61.

moderación, sino conciencia de lo que falta, conciencia del *todavía no ser*. La experiencia de la *continentia* sigue siendo una experiencia ubicua y permanente en el ser humano: siempre falta algo. La marca de nuestra facticidad es precisamente la de ser una existencia completamente incompleta. Agustín ya había hablado de la carga del existir consistente en tener que hacerse cargo de las *molestias et difficultates,* no para asumirlas con la resignación de un mandato inapelable, sino para integrarlas como ingredientes constitutivos del bregar humano en el mundo. Existir es carga porque es conflicto[184]. El contenido de esta carga no puede amarse, es imposible. Lo que sí puede amarse, explica san Agustín, es el *cómo* enfrentarse a eso que constituye una carga. Y ese *cómo* es el que nos pone sobre la pista de la existencia humana. Tales actitudes, tales estados anímicos, constituyen la experiencia vital que es siempre la experiencia de la vulnerabilidad, de la finitud, de la pequeñez. Por eso la vida humana es esencialmente tentación[185], porque exige una maduración especial el aceptar la herida de lo humano comparado con la satisfacción que, aun costosa y parcial, otorga el mundo.

Fenomenológico-hermenéuticamente se puede decir que la reflexión sobre la tentación es ya un modo de tomarla en cuenta, de tener conciencia de ella y, por tanto, de preguntarse por ella, de separarse del común y habitual modo de darse el mundo al hombre. Agustín ya había explicado que solo en la tentación el hombre sabe quién es. Ahí, donde la vida humana se encuentra en el punto álgido de su ruina, donde los asientos del sentido no encuentran firme, el ser humano termina sabiéndose al descubrirse en su falta, en su nunca ser del todo, en su expectativa por ser[186]. Para

---

[184] Conflicto en forma de contradicción que se hace patente en el modo como el hombre, sin la luz divina, no entiende que «las demás cosas de esta vida tanto menos se han de llorar cuanto más se las llora, y tanto más se han de llorar cuanto menos se las llora». *Conf.* X. I, 1. «Oneri mihi sum» *Conf.* X, 28, 39.

[185] De hecho, ¿hay algún lugar en la vida humana en el que no exista la tentación? ¿No es la tentación sin interrupción la vida del hombre sobre la tierra? Cfr. *Conf.* X, 28, 39.

[186] Y es que, en la caída, aparece para el ser humano la oportunidad o bien de dejarse caer en una insistencia en lo cadente que pasa desapercibida, o la posibilidad de acceder así «al ser de la vida más propia». HEIDEGGER, «Agustín y el neoplatonismo», p. 101.

lo cual, la experiencia del autoconocimiento deja de ser una experiencia teórica expuesta en la lógica epistémica habitual (evaluada en función de su objetividad), para pasar a ser una experiencia emocional en la que uno se descubre no en el «qué» de su vida, sino en el «cómo» del propio vivir que no permite distancia para ser tratado con neutralidad, y mucho menos perspectiva para evitar el prejuicio.

XI

AHORA Y SIEMPRE

«El tiempo cíclico y el lineal expresan dos cualidades fundamentales del hombre, a saber, la memoria y la esperanza».[187]

Fue Nietzsche, fundamentalmente, el que acostumbró a advertir que, en la reflexión sobre el tiempo, siempre se puede encontrar una perspectiva moral. Lo verdaderamente significativo de la muerte de Dios es, entre otras muchas muertes, la muerte del tiempo moral, sostiene el autor. Es el final del tiempo lineal, progresivo, el del antes y el de después, el del pasado que genera culpa y pecado, y el del futuro que exige compromisos nunca suficientes con sus dosis de ansiedad ineludibles. ¿Por qué fustigarse con un pasado lleno de pecado respecto de un *todavía* más pretérito anterior preñado de estados paradisíacos? ¿Por qué angustiarse con un futuro tan exigente como salvador y redentor? ¿Cuándo entenderá el ser humano el fardo de una vida que termina no siendo vivible precisamente por la carga que soporta y por la pendiente a la que aspira? Muerto Dios, sobra toda esperanza, ya no hay futuro, y por tanto no hay salvación. La promesa queda para los amantes del absurdo y la esperanza para los cobardes anhelantes de un mañana que nunca llega. Y, entonces, sin Dios, no habrá ya tiempo, porque *no deberá haberlo,* en ese preciso sentido. Porque el tiempo, en cuanto

187 JÜNGER, *El libro del reloj de arena,* 42.

mensurable y cuantificable, no es sino otra de las creaciones de la ciencia occidental jerarquizada por la matemática como la máxima expresión de la conceptualización científica. Sin tiempo, no hay de qué lamentarse ni por qué luchar; de qué arrepentirse ni por qué angustiarse. Sin tiempo, todo es ahora como siendo tan instantáneo como sempiterno. Hoy es siempre y sólo ya. En *Ecce Homo* se desliza esa idea precisamente en cuanto *amor fati,* en cuanto uno no desea que nada sea diferente, ni hacia adelante, ni hacia atrás, ni en toda la eternidad. No se trata de soportar, sino de eso, de amar.

Eso es el eterno retorno: el presente en el que vive ampliamente la voluntad de poder encarnada por el superhombre. Lo que sucede es que ni siquiera es presente porque no hay referencia sobre la que medir el pasado o el futuro. Es el puro ser sin tiempo. Ya no es posible hacer para esperar, sino solo y exclusivamente vivir. Y vivir no es sino desear que el instinto de placer, de vitalidad, de perfección dionisíaca no acabe nunca. «Aquí me siento confirmado en mi instintivo rechazo del eterno retorno, diría Jünger.»[188] Recuérdese a este respecto la genial propuesta crítica con Nietzsche que trata de superar el eterno retorno por el *retorno de lo eterno.* El eterno retorno, por tanto, puede verse como la expresión metafísica del deseo de eternidad y de presente definitivo, el solemne acto de *fidelidad a la tierra* que supone cada acto gozoso de la vida humana. El pastor arranca así la cabeza de la serpiente y renuncia al finalismo de una historia como la impuesta por el cristianismo, una historia con un final y con una esperanza en el más allá… *el peor mal de Occidente,* escribiría Nietzsche. Pero tampoco ello nos sumerge en el hastío *de una vuelta circular definitiva.* No estamos en la necesidad griega, ni en el *amor fati* latino… es algo más profundo. Estamos en el principio metafísico en el que queda cifrada el ansia del superhombre por restaurar un tiempo nuevo y por vivir sin otra preocupación más que la vida tal y como ahora se ofrece. Es el ahora como siempre y, por ello, más que un concepto descriptivo es algo prescriptivo en cuanto que se cuestiona cómo hay que afrontar el tiempo de la existencia. Y ese carácter prescriptivo

---

[188] JÜNGER, *Pasados los setenta I. Diarios (1965-1970),* 210.

que reniega del *esjaton,* del más allá que obliga a sacrificios y ofrendas, es la forma de vivir la vida de una nueva voluntad: la voluntad de poder.

El sentido común contiene una verdad que otorga toda la credibilidad a Nietzsche: la vida está compuesta de eso, de momentos. Y el momento, en sí mismo, en cuanto es vivido en su *extraordinariedad,* tiene esa capacidad de ser experimentado como una manera de detención del tiempo, como una forma de vivir la excepcionalidad del insobornable paso del tiempo, como una experiencia de lo que supone vivir la existencia en una profundidad tal que, en sí misma, parece detraer el transcurso del tiempo. Esto es algo de lo que quiso expresar Nietzsche con el eterno retorno.

¡Qué sería de nuestra existencia sin estos momentos! Decimos miles de veces para destacar la importancia de ciertos acontecimientos que parecen llenar de oxígeno nuestra acelerada, desasosegada y, por qué no, a menudo descafeinada cotidianidad. La riqueza del momento viene dada no por el hecho objetivo de su acontecer sino, fundamentalmente, por la repercusión subjetiva del mismo. Una reunión de un conjunto de personas no parece ser nada extraordinario como para que no pueda formar parte del habitual discurrir. Se torna en momento cuando en la intención de los que se reúnen está el juntarse después de muchos meses de no poder hacerlo y, de nuevo, volver a compartir la experiencia de la amistad. El momento, al tiempo que se da en el tiempo, lo excede precisamente por su vivencia como aconteci-miento. Querer que llegue y que no se acabe, hacer que dure más de lo que transcurre, son experiencias comunes, si se quiere, de la dinámica existencial de ese nuevo tiempo del que habla Nietzsche.

Ya se puede adivinar que el momento tiene una capacidad de dar de sí que excede el presente instantáneo de su ocurrencia. Y esto sucede porque el momento es esperado, querido, deseado, preparado… y, cómo no, porque ese momento otorga sentido a todo lo demás. El momento es asumido como expectativa en un caso (mientras llega) y como recuerdo en otro (mientras mantiene su poso), en un modo de vivencia que se resiste a su evidente lejanía temporal. Su *todavía no* ser y su *ya no* ser constituyen la esencia del momento en el que la temporalidad imprime una continuidad que se resiste a la distancia esencial de la vivencia con respecto a su localizada y puntual situación. Cabe constatar y admirarse de por qué el momento es vivido en el pasado como expectativa, y en el futuro como recuerdo, en una mezclada posición de los éxtasis temporales. Siendo verdad que esta interrelación del devenir temporal acerca de cómo el pasado incorpora el futuro y este último alcanza al pasado, asume que el momento está preparándose, generándose… como si todo acontecimiento temporal estuviera aventurado en el ayer, eliminando así cualquier carácter sorpresivo, cualquier sacudida vital que no tiene por qué ser adelantada por el pasado.

A pesar de que, según Deleuze en *Diferencia y repetición,* el eterno retorno no puede significar el retorno de lo mismo, porque esto no tendría coherencia con la destrucción del mundo de las identidades, destrucción llevada a cabo por la voluntad de poder, hay que decir que, interprétese como se quiera esta idea del eterno retorno, no hay futuro, no cabe la esperanza, porque no ha lugar ninguna trascendencia ni excedencia del tiempo. Donde todo puede volver a ser, donde no hay meta ni finalidad, donde no hay dirección ni sentido, no existe la novedad de lo *por ser*, la inquietud ante la expectativa, la incertidumbre ante lo que vendrá, la satisfacción y la alegría por lo que ha acontecido o la desdicha ante un destino injusto. Donde habita el tiempo circular, *sensu stricto,* no existe el tiempo. Por eso, el tiempo lo es por la finitud, si se quiere, por la mortalidad. Creo que esta es la idea que sostiene el argumento de san Agustín: *en ti alma mía mido yo los tiempos.* No sólo porque esta sentencia contenga la verdad del tiempo vivido, de la repercusión consciente del tiempo, sino porque sólo en el pasar, en el no tener vuelta atrás, en el ya no poder volver a ser, en suma, en la finitud que experimenta el ser humano, adquiere sentido pleno el tiempo. Algo así asumió Kierkegaard cuando afirma que sólo el hombre, mejor dicho, solo la conciencia humana es el lugar en el que acontece la conexión entre lo eterno y lo temporal. El danés juega de forma magistral con el equilibrio del ser humano entre la eternidad que le aproxima a lo divino y la preocupación que le hace estar sito en las ataduras circunstanciales propias de quien tiene que vivir como es propio de una conciencia que es, ante todo, una existencia que, fijada en el porvenir y sólo en el porvernir, vive atormentado.

> Mediante la conciencia, el hombre descubre un mundo que ni siquiera el ave más viajera conoce: el porvenir, y cuando este porvenir se retrotrae al instante

mediante la conciencia entonces se descubre la preocupación, que el pájaro no conoce, porque por muy lejos que haya volado y de muy lejos que venga retrocediendo, jamás voló hasta el porvenir ni nunca retornó de tal destino[189].

Esta idea es la primera y más fundante experiencia de finitud. Por eso, cualquier forma de alterar la flecha de dirección (evidentemente, en el pensamiento) contiene una equivocada comprensión del tiempo que termina viviéndose patológicamente. Me refiero a esa idea de la que hablábamos páginas atrás y en la que Schopenhauer cifró una de las causas más importantes de la infelicidad: la tortura de sí mismo (*heautontimoroumenos*) que sucede cuando el pensamiento queda anclado en lo que podría haber sido, sin atender a la inutilidad que supone un pasatiempo de ese estilo que, además, conlleva un insoportable sufrimiento.

Donde el tiempo pasa hay sitio para la oportunidad y para la esperanza. La oportunidad de un momento que, en su ahora y aquí, representa lo que ya no va a volver a ser en su irrepetible singularidad, y la esperanza que se abre precisamente ante lo inesperado y lo indeterminado de un futuro del todo abierto, hemos insistido en ello.

Sin embargo, pensemos en una muerte repentina, en un accidente cerebrovascular fulminante, en un desastre natural con víctimas que lamentar... Todo se resuelve en un momento, pero ya no como momento sino como un instante. En un instante cambia la vida. Por mucho que uno estudie, se prepare y lea, jamás podrá saber que, en pocos segundos, en un día determinado, va a haber una explosión de gas en un edificio con fallecimientos inmediatos de sus ocupantes, o un accidente fortuito, o un problema de salud grave. El antes no permite prever nada de lo ocurrido. El después

---

[189] S. KIERKEGAARD, *Los lirios del campo y las aves del cielo,* p. 63. Y continúa: «Puesto que el hombre es conciencia, él es el lugar donde lo eterno y lo temporal se tocan constantemente, donde lo eterno se quiebra en lo temporal. Por eso el tiempo puede antojársele largo a un hombre, porque tiene lo eterno en la conciencia y con ello mide los instantes; pero al pájaro jamás le pareció largo el tiempo. Por eso el hombre tiene un enemigo peligroso que el pájaro desconoce: el tiempo. De muchas maneras pueden lo temporal y lo eterno tocarse dolorosamente en la conciencia humana, más uno de los contactos que especialmente hacen gemir al hombre es el del cuidado de la subsistencia. ¡La distancia de lo eterno aparece tan infinita!».

queda inundado por ese instante en el que la existencia de los afectados por el duelo queda trastocada *eis aei,* para siempre. En ese ámbito de lo vivido del tiempo en el que uno se descubre aburrido, expectante, derrotado, nervioso, decepcionado… transcurre el momento y el instante. En ese contexto debe entenderse la profunda interrelación de los éxtasis temporales que acontecen cuando la impersonalidad del pasar del tiempo es vivida significativamente, o bien por la construcción cultural que hace de esta circunstancialidad concreta un día festivo, por ejemplo, o cuando lo cotidiano se transforma en un momento por la carga de sentido que hace que sea vivido de manera diferente. El día festivo tiene su víspera, su día de después, su modo de ser vivido esperándolo, preparándolo, pero también recordándolo… de la misma manera que lo tiene todo momento personal. Nos referimos a la interrelación de los éxtasis temporales desde el momento en el que *el antes*, el pasado, encontró su sentido en el futuro de lo que *ha de ser vivido* en previsión del acontecimiento concreto, y el futuro resultó dotado de sentido por serlo respecto de un *haber ya sido*. ¿Qué diferencia el momento del instante? ¿Cómo se relacionan con el *ahora*? ¿En qué medida el presente es un conjunto de instantes o un nexo de momentos?

El momento nos habla de intensidad, de impresión existencial, de culminación de lo esperado y de permanencia en su ausencia postrera. El instante, por su parte, refiere al acontecer repentino, a lo que pasa en un *abrir y cerrar de ojos,* al inapreciable dato cuantitativo y a su profunda y fecunda huella cualitativa. El momento está forjado de un presente ensanchado que extiende su potencia hacia atrás y hacia adelante en esa mixtura que constituye la temporalidad. El instante parece tener, en su acontecer real, solo potencia futuriza. Y así, la huella que imprime en lo que está por venir es casi inversamente proporcional a la esencia pasajera y momentánea de su presentarse. Veremos, sin embargo, que la cosa se complica en cuanto profundizamos un poco más. Y esto porque también lo esperado sucede instantáneamente, es decir, de alguna manera, junto al carácter insospechado, sorpresivo e inesperado de lo instantáneo, está el instante en el que se resuelve aquello que ya sabíamos. Aquello de cuyo *qué* teníamos tanta certeza como incertidumbre de su *cuándo*. El ejemplo paradigmático es, sin duda, la muerte, hemos ya insistido en ello. Lo que es cierto es que la vivencia del instante en el que se produce el acontecimiento cambia cualitativamente lo que queda. Por eso, en el sentido en el que lo advertía Kierkegaard, el instante es lo decisivo precisamente al mostrarnos, en su *darse en el tiempo,* un *casi sin tiempo,* una *atemporalidad* que rezuma la eternidad que esperamos y nos sostiene.

Si algo tiene el instante es su vivacidad para ser percibido como el antónimo del aburrimiento. Si en el instante el paso del tiempo toma parecidos de familia para con la eternidad precisamente por la profundidad del existir, como decimos, el aburrimiento vive la eternidad del puro pasar el tiempo porque no hace otra cosa que sentirlo pasar. El deseo de que el instante se ensanche en el tiempo (en su vocación a que lo puntual de su acontecer otorgue densidad al tiempo que viene) contrasta con la nauseabunda percepción del sinsentido del puro transcurrir. El instante se abre a la plenitud en la que un mero abrir y cerrar de ojos sirva y determine el siempre. El aburrimiento, por su parte, se encuentra en el vacío en el que todo intento de salida no es más que un derrape que hace mayor la oquedad. El aburrimiento lo es ante la eternidad no querida de la nada. Recuérdese, en este sentido, a Kierkegaard y su explicación de cómo el aburrimiento es el síntoma del hombre no redimido y sufriente ante ese vacío que es el tiempo ayuno de sentido.

Es Heidegger quien en *Los conceptos fundamentales de la metafísica* describe el aburrimiento también en su hechura fenomenológica. Digo fenomenológica porque el aburrimiento, precisamente en el vacío del mundo, en el sinsentido de todo transcurrir, en la suspensión del cotidiano pasar cronológico del tiempo, puede aproximarnos a la esencia del tiempo. De este modo, el aburrimiento tendría capacidad para adelantar una especie de *epojé* que, al desconectar los modos habituales en los que el ser humano se desenvuelve cotidianamente en su existencia, precisamente al dejar hueco todo contenido, pudiera permitir que se le muestre el *vacío transcurrir del tiempo.* «El mundo estaría así presente en la sustracción, en el vacío que deja, en el abismo que abre»[190]. Por eso, lo que de verdad le importa al análisis

---

[190]   SAFRANSKI, *El tiempo,* p. 40.

heideggeriano no es aquello por lo que nos aburrimos, sino el aburrirse de uno mismo provocado por eso. La esencia del tiempo se nos muestra —esta es la tesis de Heidegger— en la comprensión de la esencia del aburrimiento.

El instante, entonces, es ese tiempo *sin tiempo* donde en las coordenadas de lo mortal aparecen semillas, anticipos, previsiones de eternidad. «Muchas veces tengo la sensación de que todo lo sido se concentra en un único instante que alberga lo duradero» [191]. El instante vivido paladea la posibilidad de la eternidad donde ya no hay tiempo. El aburrimiento experimentado siente el hastío de la eternidad en el lento e insoportable —digámoslo así— exceso de tiempo. Allí, en la eternidad paladeada, se exige que el tiempo no acabe. Aquí, en el tedio de una plana monotonía, el tiempo parece no acabar.

> Te llaman porvenir
> porque no vienes nunca
> Te llaman porvenir
> y esperan que tú llegues
> como un animal manso
> a comer en su mano.
> Pero tú permaneces
> más allá de las horas
> agazapado no se sabe dónde.
> —¡Mañana!
> Y mañana será otro día tranquilo
> un día como hoy, jueves o martes,
> cualquier cosa y no eso
> que esperamos aún, todavía, siempre[192].

No hay adverbio que más comprometa al tiempo que *siempre*. Cuando *siempre* se hace verdad existencial ensancha las fronteras del presente hacia atrás y hacia adelante. Siempre[193] es *por siempre,* esto es, desde siempre, y *para siempre*, es decir, en el mañana, sea lo que sea y venga por donde venga.

---

[191] ARENDT-HEIDEGGER, *Correspondencia,* p. 145.
[192] Á. GONZÁLEZ, *Palabra sobre palabra.*
[193] Agradezco a CLCT la motivación para escribir esto.

La verdad vivida del *siempre* impone una perspectiva sobre lo ya aconte-cido, sobre la historia pasada, para encontrar en lo sucedido hechos, hitos, momentos… que ratifiquen la continuidad temporal que permite sostener su lógica. Pero, además, la experiencia existencial del *siempre,* no cerrándose ingenuamente a la incertidumbre de cómo vendrán dadas las cosas y cómo serán vividas, impone un coto al devenir de lo *porvenir* y del futuro.

Siempre, más que obcecarse y negar la consustancial transformación que conlleva la apertura al paso del tiempo, está pronunciándose sobre lo que, a pesar de todo, se mantendrá. Por eso, sólo es *siempre* el interior en el que está la verdad que permanece en el *por ser* de nuestro *todavía.* Por eso, en realidad, sólo es *siempre* el amor.

Siempre refleja ese anhelo de inmortalidad del que habla Unamuno: «la sed de eternidad es lo que se llama amor entre los hombres; y quien ama a otro es que quiere eternizarse con él»[194]. Y así, en su irse construyendo, en su ir siendo, en su irse conformando, en su manera callada de ir surgiendo y de ir naciendo, en sus tiempos dichosos de fertilidad, pero también, en sus modos desérticos de sequía, es incondicionalmente amor. Y nunca acaba, aunque acalle. Y nunca deja de inquietar, aunque amaine. Y nunca termina de sorprender, aunque se acostumbre. Aquí, en el *siempre* del amor, el tiempo para. No sirve. Aquí el reloj no mide nada, porque nada hay que contar, porque cuando acontece el amor y es verdadero, pasa y no pasa. Sucede y no caduca. Aquí, el amor da el tono de lo eterno que ya fue *desde el vientre materno,* y que no podrá dejar de ser. Donde habla el amor, ofrece su palabra aquello que es definitivo en su ser, aunque todavía provisional en su mani-festarse, en su acontecer, en su ser vivido. Donde se experimenta el amor, toma posesión el adverbio *siempre* adelantando, en esta penúltima estación, a aquella otra que ardientemente se espera. Donde el «siempre» se vive, el «nunca acabará» se promete.

Lo que no es eterno —sostiene Unamuno— tampoco es real. Y entonces, recordando así las reflexiones del segundo capítulo, el tiempo del consumo, del presente absoluto con esos tintes absolutistas, es responsable de esa pér-

---

[194] UNAMUNO, *Del sentimiento trágico de la vida,* p. 40.

dida de realidad, de esa desustancialización de lo que se es. Sin futuro dador de sentido no podemos más que dar por sentado lo rocambolesco del presente.

En suma, la condición de posibilidad del tiempo, si se quiere, reside, precisamente, en la eternidad, en el tiempo en plenitud donde no transcurre el tiempo. Donde no hay futuro, lo sustancial del ser humano que es su *por ser, por hacerse, por completarse…* se desvanece. La permanencia que exige su naturaleza humana en ningún caso está reñida con la responsabilidad ante su vida, siempre trascendente hacia afuera y hacia adelante, siguiendo algunas de las propuestas más geniales de Hans Jonas y su tesis de que el futuro es el tiempo de la vida. Y así, tanto la responsabilidad como la esperanza son goznes de la existencia que llevan el futuro por bandera. La primera porque orienta el presente hacia el porvenir siempre cargado de riesgos y de incertidumbre. La segunda, porque aquí, el futuro es el que da orientaciones para vivir el presente.

La vida humana, la aventura del vivir que exactamente se asume cuanto más se acepta que el futuro no está previsto, que su acontecer es siempre para nosotros causa de ignorancia, es, ante todo, proyección, lanzamiento, propósito. Por eso, el *siempre* de la vida, según creo, no es el siempre del ser que rotundamente es sin más al modo estricto del eleatismo, sino el siempre del estar siendo, el siempre de no poder nunca serlo todo del todo, el siempre de la búsqueda, el siempre de la inquietud, el siempre del estar siempre teniendo que ser[195].

En definitiva, que no hay nada que más apunte al futuro que el amor porque, en palabras de nuevo del propio Unamuno, tiende a la perpetuación.

> El misterio del amor, que lo es del dolor, tiene una forma misteriosa que es el tiempo. Atamos el ayer al mañana con eslabones de ansia. Y no es el ahora, en rigor, otra cosa que el esfuerzo del antes por hacerse después, no es el presente, sino el empeño del pasado por hacerse porvenir. El ahora es un punto que no bien pronunciado se disipa, y, sin embargo, en ese punto está la eternidad toda, sustancia del del tiempo[196].

---

[195]   «En el ambiente de la tarde flota ese aroma de ausencia, que dice al alma luminosa nunca y al corazón, espera». A. MACHADO, *Soledades*.

[196]   UNAMUNO, *Del sentimiento trágico*, p. 195.

Si estamos hechos de amor y para el amor, si somos amor, hay un anhelo que nos constituye y nos hace, que nos vertebra y nos impulsa, que nos anima y nos proyecta para que, a cada momento, lo provisional sea pórtico de lo definitivo, para que lo temporal sea el mejor testimonio de lo eterno. Vivir y amar son del todo intercambiables. Amo, luego existo, luego existes, luego no podremos acabar. El fin del tiempo no puede ser, en suma, el final.

XII

EPÍLOGO

Pero también soy carne cuando canto —y la carne se obstina y clama: todavía.
Todavía.
Y su gozo va persuadiendo al alma— que cuenta y magnifica los últimos tesoros…
Todavía.
¡Qué molde de esperanza!
D. Ridruejo.

Aristóteles definió el tiempo como la medida del movimiento según el *antes* y el *después*. Esta concepción expuesta en la *Física* explica bien el vínculo natural entre el espacio y el tiempo: el pasado está detrás en su haber sido ya y el futuro está delante en su *haber de ser*. La referencia es siempre el presente. El caso es que, en mi opinión, ya desde Aristóteles, el presente excede en su definición el propio y exclusivo ser del presente, como venimos insistiendo a lo largo de este libro. Captar con la máxima pulcritud conceptual la vida real del individuo que conoce, que actúa personal y políticamente, que, en definitiva, vive, fue el compromiso ineludible del Aristóteles que iba dejando huella y marcando la diferencia con un tipo de platonismo tan buscador de lo universal y de lo ideal. De modo que, esa concepción del tiempo objetivo o vulgar, como fue calificada por Heidegger, vista de otra manera, quizá no fuera del todo tan ingenua. Porque esa misma noción del tiempo no está tan desvinculada de nuestra vivencia del tiempo, ya que el *antes* y el *después* son siempre nociones relativas al existente, que es quien tiene conciencia del ahora en virtud del cual determina el ayer y el mañana. Claro que esta relatividad del sujeto que vive el tiempo no convierte su medida en pura arbitrariedad subjetivista, pero sí es un buen antecedente del *dictum* agustiniano: *en ti, alma mía, mido yo los tiempos.* El tiempo que pasa y nos configura, a la vez, tiene en su *pasar* y hacernos pasar, una nota ineludible de permanencia. Somos en el pasar precisamente porque somos mientras va *pasando* el tiempo. No tenemos más remedio que expresarlo en gerundio, en el modo en el que nos sabemos vivos precisamente así, percibiéndonos viviendo.

Evidentemente que no podemos poner en el estagirita lo que él jamás pudo haber pensado. Pero sí creo que debemos observar la magnitud de una tarea filosófica como es la de pensar el transcurrir de la vida siempre sita en el *mientras* que abunda en lo pasajero, fugaz y frugal de todo lo que sucede, a la vez que insiste en el *para qué* que otorga sentido al aparente vaivén de lo particular. Hay una primera idea en esta concepción aristotélica del tiempo que tiene que ver con la transitoriedad, con el pasar mismo consustancial al tiempo. El tiempo pasa y la manera de expresar esa transitoriedad es pensar el cambio del antes al después. En este sentido, el ahora, en realidad, es un *entre* por el cual cada momento presente, en su instantáneo ser, es un tránsito. Ser en el tiempo es ser *desde y hacia.* El primero, el *desde,* nos sitúa. El segundo, el *hacia,* nos configura. Pero el *desde* y el *hacia,* además, diría yo, son dimensiones temporales constitutivas de nihilidad. Esto es, porque el *entre* es un nexo entre el *ya no ser* y el *todavía no ser,* la nada es parte de nuestra transitoriedad. Su no ser es parte de nuestro existir, de nuestro ser *siendo.* Su nada es condición de nuestro ser.

Vivir el tiempo, vivir en el tiempo, vivir sobre el tiempo implica paradójicamente paso y continuidad, fijeza y contingencia. Y esta es la segunda idea que me interesa destacar de la propuesta aristotélica: la conciencia del tiempo es exactamente la conciencia de nuestra contingencia. Su filosofía moral nació de aquí. Su concepción del conocimiento y del lenguaje, también. La misma producción de los conceptos se hizo cargo de la fijeza y de la estabilidad del significado, sin dejar de lado la particularidad y el *poder ser de otra manera* característico de las circunstancias por las que las palabras alcanzan su significado *por convención,* por acuerdos propios de las comunidades de hablantes que establecen qué signos significan qué cosas.

En realidad, el presente que se vive, también en la propuesta aristotélica, aunque mucho más evidente en Husserl, se sostiene en la memoria de lo sido y da coherencia a una vida que no es pura innovación, como sería lo propio de un estricto presente, pero adquiere su modo de ser completo en su inagotabilidad, en su manera de *ser hacia.* El *ahora,* en definitiva, no es todo el tiempo.

El *ya no ser* del pasado es el responsable de una fijeza y de una estabilidad propia del haber sido que otorga continuidad al tiempo. Lo que, sin embargo, nos ha importado en este libro es destacar, además, que el *todavía no ser* del futuro es, exactamente, la manera más realista, en mi opinión, de definir el presente. ¿Importa el presente? Por supuesto. ¿Significa esto, acaso, quedarnos sin presente, aniquilar el ahora? En absoluto. Pero es el presente el que se nos ofrece en un *todavía no ser* que da a la continuidad, progreso, a lo sido, creatividad, a lo que está porvenir, libertad.

El *cada día tiene su afán* sólo sirve para aquel para quien cada día no es el definitivo ni el último, para aquel para quien la intensidad diaria suma enteros en función de un proyecto personal que se está gestando. ¿No era esa la experiencia de la felicidad de la que hablaba Aristóteles? ¿No es el *telos,* el fin buscado, el que da sentido a toda acción? ¿No es el afán del hoy el que es suficiente para concentrar nuestra atención, sin que eso signifique que sea, con todo, lo necesario, lo definitivo, sin más? Saber vivir es saber descifrar esta singular experiencia humana del tiempo que está circunstancialmente incardinada en el hoy. Pero en un hoy que tiene sólo hoy para ser, mientras nosotros, que somos en el hoy, seguimos teniendo que ser y que estar para el día siguiente, estamos llamados a ser mañana. El hoy del tiempo es, para nosotros, el ayer del mañana que espabila la tentación de hacer definitivo lo que es, por su propia naturaleza, provisional. Saber vivir, creo poder decir en este momento, es saber ser en el tiempo en la medida en que supone saber el tiempo. Es maestría de Kierkegaard apuntar que la mirada al día de mañana sin la atención que exige el día de hoy, el momento concreto, es propio de quien no cuenta con la eternidad; es propio del hombre que, tan exigente con la reducción de la incertidumbre del futuro, vive hoy el mañana[197] convirtiendo el afán de cada día en una experiencia de desolación y de tormento. De modo que, siguiendo el propio razonamiento del autor existencialista, es la eternidad la que promueve la concentración de la vida en el hoy. Es el mañana que se espera el que ilumina y da sentido al afán del hoy. Cuanto más perspectiva de eternidad contenga la existencia humana, más debe tener los pies en el barro de lo que sucede y asumir que todo lo que pasa (hoy), *pasa,* es pasajero, porque llega mañana.

Una concepción del tiempo de la experiencia humana así no anula la historia ni obnubila lo particular, no cercena la circunstancia ni subordina lo individual en función de un objetivo o de un proyecto que no termina de ser. Más bien al contrario. Una noción de tiempo de la experiencia sostenida por el futuro como determinación ontológica fundamental del ser que somos pone la libertad en su justo quehacer y aleja toda amenaza de ser presos de un *fatum* sin salida. Estamos en el tiempo, pero no estamos atados al tiempo. Somos ese *por hacer* constante que da continuidad a nuestro ser, que es siempre *ser proyecto,* por lo cual estando en el tiempo, aprendemos a ser *sobre el tiempo,* a estar por encima del tiempo, en la medida en que nuestro ser *futurizo* nos permite sobrevolarlo. Nada está cerrado. El horizonte está siempre en su *por ser,* siempre y del todo abierto.

Pero, además, como he intentado argumentar, la vida en su *ser gerundial,* en su comprensión del presente vivo como un *todavía no ser,* lanza nuestra mirada al otro y a los otros. La vida no empieza ni acaba con nosotros. Estamos en un mundo *ya* configurado, *ya* significado. Cada ser humano, entonces, se inserta en un *ya* que le ha sido entregado al que incorpora su proyecto, su más propio *todavía.* Por esto, estamos donde han estado los otros. Pero, también, ponemos los cimientos de un futuro donde otros estarán. El ayer y el mañana son siempre compartidos, son siempre no-monadológicos. Así, es fácil concluir en un futuro ontológicamente dador de sentido y catalizador de la vida moral en el que siempre están los otros, en

---

[197] «El verdugo de sí mismo se desalma enteramente al pretender vivir hoy el día de mañana», KIERKEGAARD, *Los lirios del campo,* p. 145. Y continúa: «El pájaro vive solamente un día, de este modo, el día de mañana no existe para él. El cristiano vive eternamente, así el día de mañana no existe para él. Y el pagano nunca vive, siempre se lo impide el día de mañana».

el que nunca estamos solos. En el que siempre hay un nosotros. El derecho al futuro tiene su sentido en la confianza en que el ser de este ser que somos no se agote aún en su cronológicamente agotarse o en su existencialmente agostarse. El *todavía* es coherente con una existencia caduca en su cronología por el propio imperativo biológico, pero rezumante de eternidad en su proyección horizóntica que alza la mirada a un futuro siempre más allá del futuro, a un futuro en otra dimensión que ya no es la de la historia, sino la de su recapitulación, que ya no es la del individuo, sino la de la comunidad, que ya no es la del tiempo, sino la de su plenitud.

Toro, Zamora, noviembre de 2024.

BIBLIOGRAFÍA

G. Agamben, *El tiempo que resta,* Madrid, Trotta, 2006.

Agustín de Hipona, *Confesiones,* Madrid, Biblioteca de Autores Cristianos, 1996.

K. Aho «Acceleration and Time Pathologies: The Critique of Psychology in Heidegger's *Beiträge", Time and Society,* 16/2, 2007, pp. 25-42.

H. Arendt-M. Heidegger, *Correspondencia,* Barcelona, Herder, 2017.

P. Aubenque, *La prudencia en Aristóteles,* Barcelona, Crítica, 1999.

A. Badiou, *San Pablo. La fundación del universalismo,* Barcelona, Anthropos, 1999.

W. Benjamin, Sobre el concepto de historia, Madrid, Alianza, 2021.

E. Bloch, *El principio esperanza,* Madrid, Trotta, 2007.

D. Bonhoeffer, *Resistencia y sumisión,* Salamanca, Sígueme, 2018.

C. de Cabo, *Dinámica social-estática constitucional en la fase actual desde el constitucionalismo crítico,* Valencia, Tirant lo Blanch, 2024.

Ph. Capelle-Dumont, *Filosofía y teología en el pensamiento de Martin Heidegger,* México, FCE, 2013.

J. D. Caputo, and L. Martin Alcoff, (eds.), *St. Paul among the philosophers,* Bloomington, Indiana University Press, 2009.

S. Castro, *La trama del tiempo,* Salamanca, San Esteban, 2002.

J. M. Chillón, *Serenidad. Heidegger para un tiempo postfilosófico,* Granada, Comares, 2019.

— «El modo metafísico de la teoría del conocimiento. Heidegger y la genealogía del nihilismo", Apareser. Revista de Filosofía, 1, pp. 59-70, 2024.

J. L. Chrétien, *La mirada del amor,* Salamanca, Sígueme, 2005.

A. Damasio, *El error de Descartes,* Chile, Universidad Andrés Bello, 1996.

D. Dennet, *Dulces sueños. Obstáculos filosóficos para una ciencia de la conciencia,* Madrid, Katz, 2006.

N. Depraz, (*et al.*) (eds.), *On Becoming Aware. A pragmatics of experiencing.*

Amsterdam: John Benjamins Publishing Company, 2003.

P. Fernández Beites, «El sujeto que vive sobre el tiempo" en: López-Moreno, *Del tiempo. Perspectivas fenomenológicas*, Madrid: Dykinson, pp. 89-115, 2023.

E. Fromm, *La revolución de la esperanza*, México, FCE, 1970.

M. García Baró, *De estética y mística*, Salamanca, Sígueme, 2007.

A. Gehlen, *El hombre. Su naturaleza y su lugar en el mundo*, Salamanca, Sígueme, 1987.

F. Gil Villa, *Ni animales ni dioses*, Tecnos, Madrid, 2024.

Á. González, *Palabra sobre palabra*, Barcelona, Austral, 2010.

O. González de Cardedal, *Raíz de la esperanza*, Salamanca, Sígueme, 1996.

Byung-Chul Han, *El espíritu de la esperanza*, Barcelona, Herder, 2024.

M. Heidegger, *Logik. Die Frage nach der Wahrheit*, Frankfurt am Main, Vittorio Klostermann, 1976.

— *Ontologie. Hermeneutik der Faktizität*, Frankfurt am Main, Vittorio Klostermann, 1982.

— *Phänomenologische Interpretationen zu Aristoteles. Einführung in die phänomenologische Forschung*, Frankfurt am Main, Vittorio Klostermann, 1985.

— *Beiträge zur Philosophie*, Frankfurt, Vittorio Klostermann, 1989. *Aportes a la filosofía. Acerca del evento*, Buenos Aires, Biblos, 2011.

— *El concepto de tiempo*, Madrid, Trotta, 2011.

— *Ser y Tiempo*, Madrid, Trotta, 1995. Traducción de Jorge E. Rivera.

— *Los problemas fundamentales de la fenomenología*, Madrid, Trotta, 2000.

— *Introducción a la fenomenología de la religión*, Madrid, Siruela, 2005.

— *Prolegómena zur Geschichte des Zeitbegriffs*, Alianza, 2007.

— *Problemas fundamentales de fenomenología*. Madrid: Alianza, 2014.

— *Estudios sobre mística medieval*, FCE, México, 2014.

E. Husserl, *La crisis de las ciencias europeas y la fenomenología trascendental*. Barcelona: Crítica, 1991.

— *Meditaciones cartesianas*. Madrid: Tecnos, 2009.

E. Justo, *Espiritualidad y política*, Santander: Sal Terrae, 2024.

E. Jünger, *El libro del reloj de arena*, Barcelona, Argos Vergara,.1985.

— *Pasados los setenta I. Diarios (1965-1970)*. Barcelona, Tusquets, 2011.

E. Kandel, *En busca de la memoria. El nacimiento de una nueva ciencia de la mente*, Madrid, Katz, 2007.

S. Kierkegaard, *Los lirios del campo y las aves del cielo*, Madrid, Trotta, 2007.

— *El instante*, Trotta, Madrid, 2012.

A. Köhler, *El tiempo regalado. Un ensayo sobre la espera*. Barcelona: Libros del Asteroide, 2018.

R. Koselleck, *Futuro pasado*, Barcelona, Paidós, 1993.

Y. Lacoste, *La fenomenicidad de Dios*, Salamanca, Sígueme. 2019.

E. Levinas, *Totalidad e infinito*, Salamanca, Sígueme, 1977.

— *De la evasión*, Arena Libros, 1999.

O. J. Loland, *El apóstol de los ateos. Pablo en la filosofía contemporánea*, Madrid, Trotta, 2023.

G. Marcel, *Homo Viator*, Salamanca, Sígueme, 2022.

A. Machado, *Cancionero apócrifo*, Alfar, Sevilla, 2011.

— *Soledades*, JDEJ Editores, Madrid, 2023.

J. L., Marion, *Dios sin el ser*, Pontevedra, Ellago, 2010.

J. Moltmann, *Teología de la esperanza*, Salamanca, Sígueme, 1969.

Isaac de Nínive, *El don de la humildad*, Sígueme, Salamanca, 2020.

S. Ordóñez, «La experiencia subjetiva en la investigación de la neurociencia cognitiva. El caso de la neurofenomenología», *Open Insight*, Volumen VI, n.º 10, 2015, pp. 135-167.

J. Ortega y Gasset, *Obras Completas*, Madrid, Taurus, 2010.

J. L. Pardo, *A propósito de Deleuze*, Valencia, Pre-textos, 2014.

H. Rosa, *Alienación y aceleración*, Madrid: Katz, 2016.

P. Ricoeur, *La memoria, la historia, el olvido*, Buenos Aires, FCE, 2004.

R. Safranski, *El tiempo*, Barcelona, Tusquets, 2017.

J. P. Sartre, *El existencialismo es un humanismo*, Edhasa, Barcelona, 2010.

J. P. Sartre, *El ser y la nada*, Buenos Aires, Losada, 2016.

L. Savarino, *Heidegger y el cristianismo*, Buenos Aires, Prometeo, 2001.

J. M. Schaeffer, *El fin de la excepción humana*, Buenos Aires, FCE, 2009.

P. Sloterdijk, *La herencia del Dios perdido*, Madrid, Siruela, 2020.

P. Tillich, *El coraje de ser*, Madrid, Avarigani, 2018.

M. Unamuno, *Del sentimiento trágico de la vida*, Madrid, Espasa, 1998.

F. J. Varela, «Neurophenomenology: A methodological remedy for the hard problem», *Journal of Consciousness Studies*, 3-4, 1996, 330-49.

F. J. Varela y J. Shear, (eds.), «First Person Methodologies: What, why, how?" *Journal of Consciousness Studies*, vol. 6, nn. 2-3, 1999,1-14.

I. Zizioulas, *Teología en perspectiva escatológica. El futuro siempre presente*, Salamanca: Sígueme, 2024.

X. Zubiri, *Estructura dinámica de la realidad*, Madrid, Sociedad de Estudios y Publicaciones, 1995.

— *Cinco lecciones de filosofía*, Madrid, Sociedad de Estudios y Publicaciones, 1963.

R. Zurro, *Sartre: ¿Pensar contra sí mismo?*, Valladolid, Universidad de Valladolid, 2002.